서울대 한국어

Workbook 1A

서울대학교 언어교육원

서울대 한국어 1A Workbook

지은이	서울대학교 언어교육원
편집인	박형만, 공제학, 송솔내
펴낸곳	(주)투판즈 서울시 강남구 논현로 303 Tel (02)2140-2500 Fax (02)2140-2599 www.twoponds.co.kr
등록	1980년 10월 7일 제2004-000086호
디자인	디자인마루 / 새담디앤피
초판 1쇄	2013년 3월 1일
75쇄	2026년 2월 1일
ISBN	978-89-539-4946-1

Written by Language Education Institute, Seoul National University
Published by TWOPONDS Co., Ltd.
Designed by Designmaru / SAEDAM D&P

머리말 Preface

〈서울대 한국어 1A Workbook〉은 〈서울대 한국어 1A Student's Book〉의 부교재로, 주교재에서 학습한 내용이 연습을 통해 사용 능력으로 정착되도록 구성하였다. 이를 위해 어휘와 문법을 다양한 맥락 속에서 사용해 보고 복습 단원을 통해 정리 학습이 이루어질 수 있도록 하였다.

어휘는 사용 영역을 고려한 문장 및 대화 단위의 연습 문제를 마련하여 맥락에서 의미를 파악하고 생산적인 사용에 이를 수 있도록 하였다. 또한 목표 문법을 문장 및 대화 단위에서 정확하게 사용하여 문장 구성 능력, 담화 구성 능력을 익힐 수 있도록 하였다. 어휘 및 문법의 연습 문제에 제시된 문장이나 대화는 연습을 위한 기계적 문장을 지양하고 실제적 상황, 유의미한 대화에 중점을 두고 제시함으로써 교실에서의 연습이 교실 밖에서의 언어 사용 능력으로 용이하게 연계되도록 하였다. 또한 학습 내용을 점검하고 정리하기 위한 복습 단원을 두 단원마다 두었다. 복습 단원에서는 의미적 또는 형태적으로 유사한 문법의 구별 학습, TOPIK 형식의 어휘와 문법, 듣기, 읽기 및 쓰기 연습 문제 풀이, 발음 복습 등을 통해 과별로 학습된 언어 지식 및 언어 기술을 확인하고 통합하여 사용해 보도록 하였다. 또한 말하기 확장 연습을 추가로 제공하여 초급 단계의 구어 능력을 강화할 수 있도록 하였다.

이 책이 완성되기까지 많은 분들의 노력과 수고가 있었다. 무엇보다 오랜 기간에 걸쳐 집필 및 출판 과정에 참여한 교재개발위원회 선생님들의 헌신으로 책이 만들어질 수 있었다. 또한 2012년 가을학기에 직접 수업에서 사용하면서 꼼꼼하게 수정해 주신 김정화, 김현진, 김수영, 이소영, 이창용, 이현의, 김정은, 박광희, 이수정, 이희진, 최지영 선생님, 정확한 발음으로 녹음을 해 주신 성우 임채헌, 우현주 선생님의 노고에 감사를 드린다. 아울러 책이 출판되기까지 오랜 기간 동안 작업을 도와주신 투판즈의 사장님과 도현정 부장님, 박형만 편집팀장님, 공제학 과장님, 송솔내 대리님을 비롯한 편집진 여러분께도 고마운 마음을 전한다.

2013. 3.

서울대학교 언어교육원

원장 정 상 준

Preface 머리말

<Seoul National University Korean Language 1A Workbook> is a supplementary resource for <Seoul National University Korean Language 1A Student's Book>. This book is carefully coordinated to develop learners' proficiency through exercises supporting the content of the main textbook. It provides a variety of exercises for vocabulary and grammar, and review units.

Sentence level and dialogue level vocabulary exercises are designed to promote learners' ability to grasp meaning in context and apply language in productive manner. Grammar exercises develop learners' control of grammar at the sentence level and conversational level, and further expand learning ability to creating sentences and conversational language. Carefully selected sentences from meaningful and authentic communicative contexts enable learners to apply language in real-life situations beyond the classroom. A review unit for each pair of main units allows both evaluation of learners' progress and review. Review units provide learners with opportunities to integrate the knowledge and skills acquired from each unit through the contrast of grammar items that are similar in meaning and form, TOPIK test modeled review exercises for vocabulary, grammar, listening, reading, and writing, and a pronunciation review. Extended speaking practice enhances learners' early competence in spoken language.

We wish to express our sincere gratitude to all who contributed to this project. We would particularly like to thank all instructors from the textbook development committee. Without their dedication and effort this textbook would not have been possible. Also, we would like to thank the following instructors for their help in piloting materials and making suggestions during the Autumn session 2012: Kim Chunghwa, Kim Hyunjean, Kim Sooyoung, Lee Soyoung, Yi Changyong, Lee Hyuneui, Kim Jungeun, Park Kwanghee, Lee Sujeong, Lee Heejin, Choi Jiyoung. In addition, we would like to thank Lim Chaeheon and Woo Hyunju for their audio recordings. Finally, we would like to extend our gratitude to the CEO of TWOPONDS, Director Do Hyunjeong, Editorial Manager Park Hyungman, Mr. Kong Jehak, Ms. Song Solnae and all other editorial staff members for their generous support in having this volume published.

March 2013

Jeong Sangjun
Executive Director
Language Education Institute, Seoul National University

일러두기 How to use this book

서울대 한국어 1A Workbook은 〈서울대 한국어 1A Student's Book〉의 부교재로, '한글 배우기', 1~8과, 복습 1~4로 구성되었다. '한글 배우기'를 제외한 각 과는 '어휘 연습', '문법과 표현 연습', '문형 연습'으로 구성되어 있으며, 복습은 '어휘와 문법, 발음, 듣기, 읽기와 쓰기, 말하기'로 구성되어 있다.

The Seoul National University Korean Language 1A Workbook is a supplementary resource for the <Seoul National University Korean Language 1A Student's Book>. This workbook contains 8 main units and 4 review units as well as the preliminary lesson 'Learning the Korean Alphabet.' Each unit consists of Vocabulary exercises, Grammar and Expression exercises, and Pattern Practice. Review units include Vocabulary and Grammar, Pronunciation, Listening, Reading and Writing, and Speaking exercises.

학습 목표 Learning Goals

각 과의 어휘, 문법과 표현, 문형 연습의 학습 목표를 제시한다.

The Cover Page presents the learning objectives of the Vocabulary, Grammar and Expression, and Pattern Practice portions of each unit.

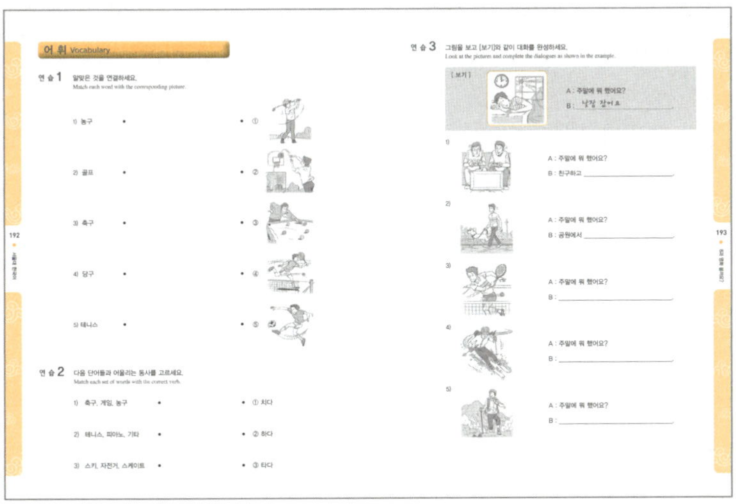

• 어휘 Vocabulary

주제 어휘의 의미를 확인하고 사용역이나 연어 관계 등을 익히며, 문장 혹은 대화 단위의 어휘 연습을 통해 어휘의 사용 능력을 기른다.

The Vocabulary section develops learners' knowledge of lexical meanings, domain of usage, and collocations while promoting vocabulary use through sentence or dialogue level exercises.

일러두기 How to use this book

• 문법과 표현 Grammar and Expression

형태 연습과 문장 단위의 연습, 대화 단위의 연습으로 구성된다.

The Grammar and Expression section offers pattern drill exercises, sentence level exercises and dialogue level exercises.

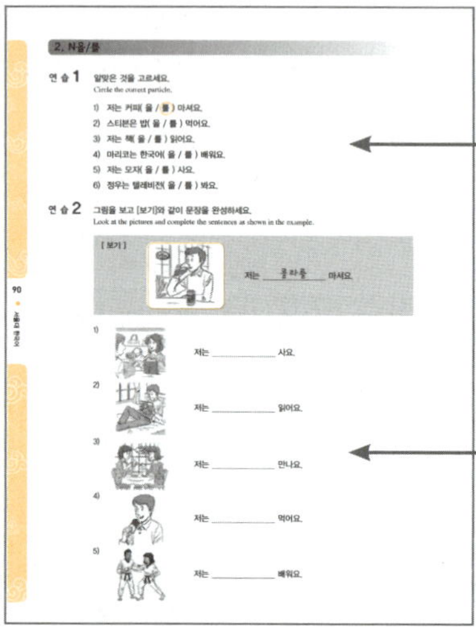

형태 연습

목표 문법의 활용 형태를 연습한다.

Pattern drill exercises provide practice of target grammar conjugations.

문장 연습

제시어나 그림, 사진을 활용하여 문장을 구성한다.

Sentence level exercises allow for the production of sentences using given words, illustrations, or photographs.

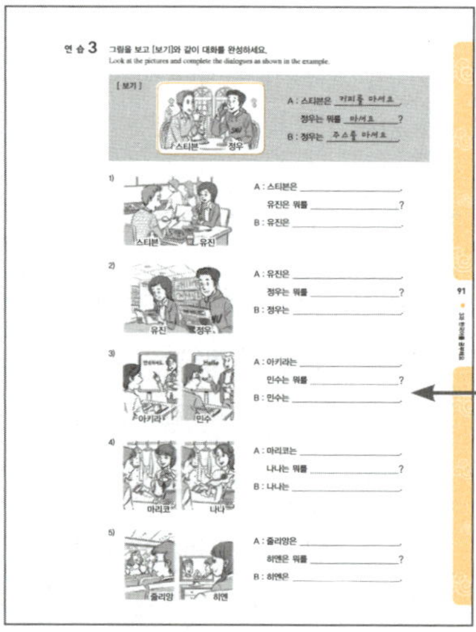

대화 연습

제시어나 그림, 사진을 활용하여 맥락을 드러내는 짧은 대화를 구성한다.

Dialogue level exercises offer short contextual dialogues using given words, illustration, or photographs.

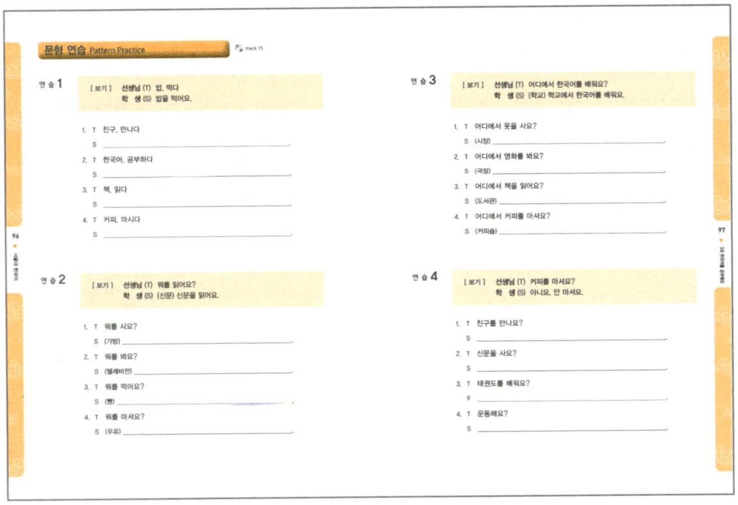

• 문형 연습 Pattern Practice

통제된 반복 연습을 통해 학습한 문법과 표현을 충분히 익히도록 한다.

The Pattern Practice section encourages learning of grammar and expressions through controlled repeated exercises.

• 복습 Review

과별 학습 내용을 연계하여 어휘와 문법, 발음, 듣기, 읽기와 쓰기, 말하기의 영역별 복습을 할 수 있도록 구성되어 있다.

The Review section reexamines the Vocabulary, Grammar, Pronunciation, Listening, Reading, Writing, and Speaking portions of each unit.

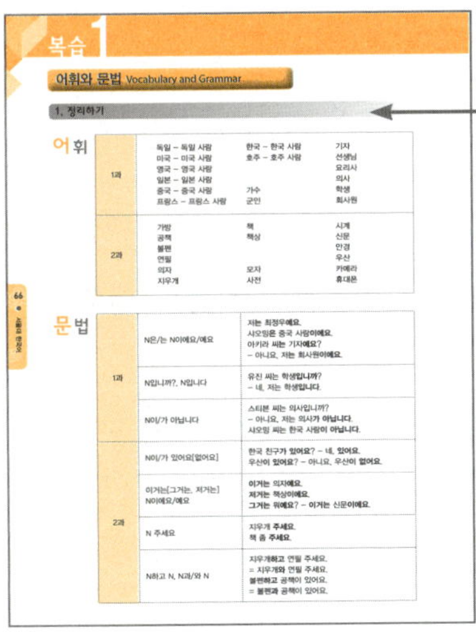

어휘와 문법

주제 어휘, 문법과 표현의 각 항목을 예문과 함께 제시하여 학습 내용을 확인하고 정리할 수 있도록 한다.

The Vocabulary and Grammar section provides a consolidated explanation of each key Vocabulary, and Grammar and Expression item.

일러두기 How to use this book

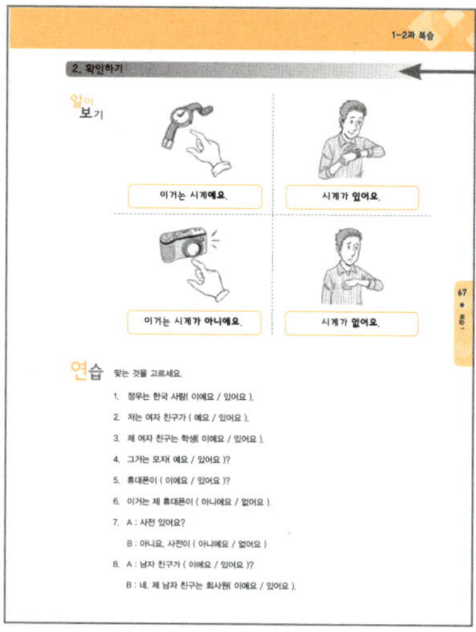

목표 문법 중 학습자 오류가 빈번하거나 심화 학습이 필요한 항목을 선정하여 의미와 용법을 재확인하고 연습할 수 있도록 한다.

The Vocabulary and Grammar section provides exercises to reexamine selected items that have a high frequency of grammatical errors and require further study.

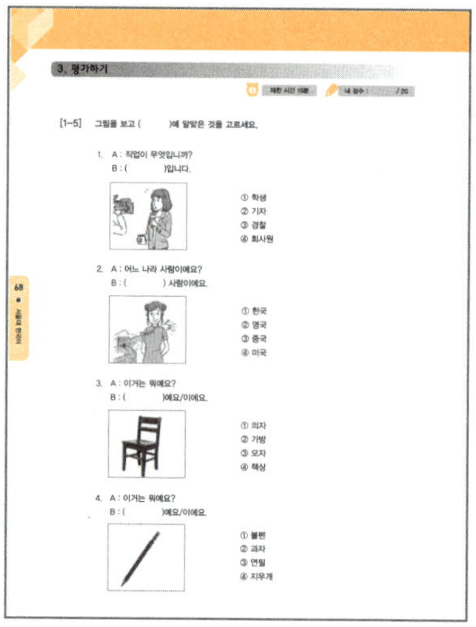

어휘, 문법과 표현에 대한 다양한 유형의 문제를 풀면서 학습자의 성취도를 점검할 수 있도록 한다.

The Vocabulary and Grammar section provides various types of pattern exercises to evaluate learners' progress.

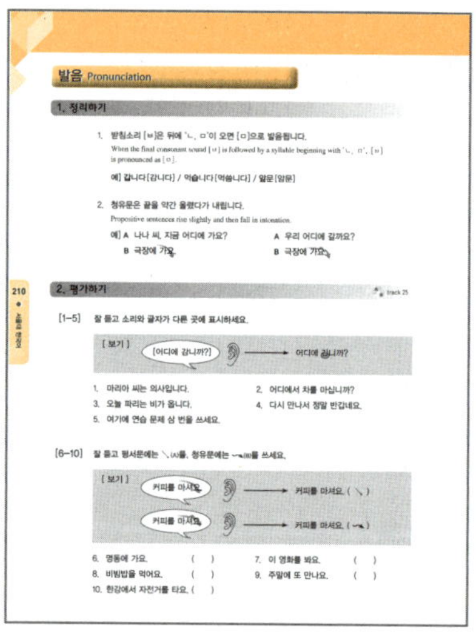

발음

발음 영역의 내용을 확인하고 연습이나 문제 풀이를 통해 정확한 발음을 변별할 수 있도록 한다.

The Pronunciation section enables learners to reevaluate pronunciations and to discriminate correct pronunciations.

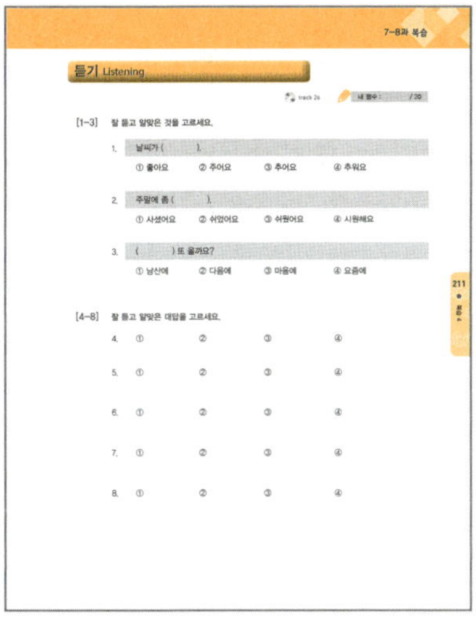

듣기

학습한 주제와 관련된 내용의 문제를 풀면서 의사소통 상황에 대한 이해 능력을 높이도록 한다.

The Listening section promotes topical comprehension in communicative contexts.

읽기와 쓰기

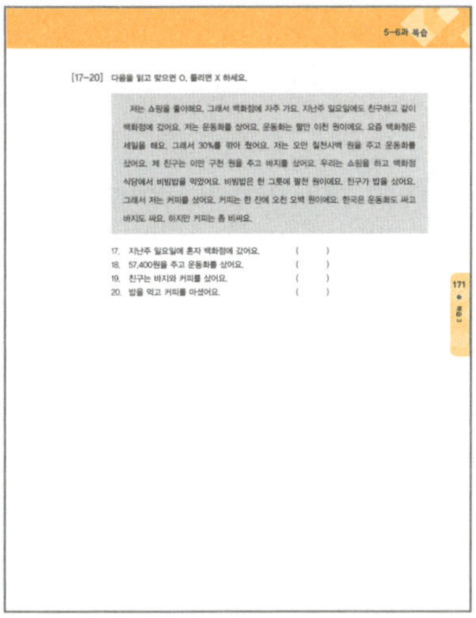

읽기

목표 어휘와 문법이 포함된 다양한 글을 읽고 문제 풀이를 통해 이해를 확인한다.

The Reading section presents varied types of texts and exercises that include target vocabulary and grammar allowing learners to check their comprehension.

쓰기

목표 어휘와 문법을 사용한 문장 구성 능력을 향상시킬 수 있도록 한다. 또한 담화 단위의 쓰기 연습을 읽기와 연계하여 제시한다.

The Writing section offers conversational level writing tasks linked to reading that develop learners' ability to create sentences using target vocabulary and grammar.

일러두기 How to use this book

말하기

말하기 1

제시된 상황에 맞게 대화를 하거나 설명하는 연습이 이루어진다.

The Speaking 1 section provides practice at conversing and at explaining given situations.

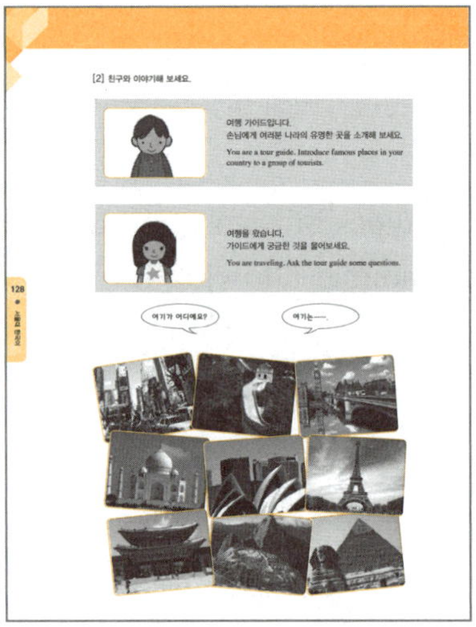

말하기 2

실제적인 대화 상황을 역할극 형식으로 제시하여 유의미한 상호작용이 이루어지도록 한다.

The Speaking 2 section offers reciprocal practice at realistic role-play scenarios and at authentic communicative situations.

• 부록 Appendix

'활동지', '듣기 지문', '모범 답안'으로 구성된다.

The Appendix supplies Activity Sheets, Listening Scripts, and Answer Key.

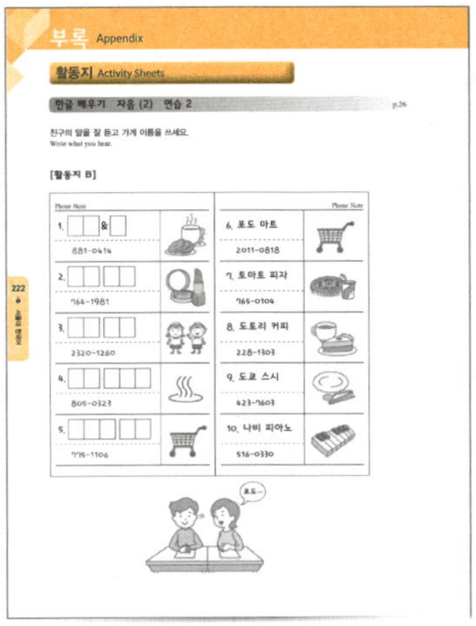

활동지

연습에 필요한 활동지를 제공한다.

Activity Sheets are provided for exercises.

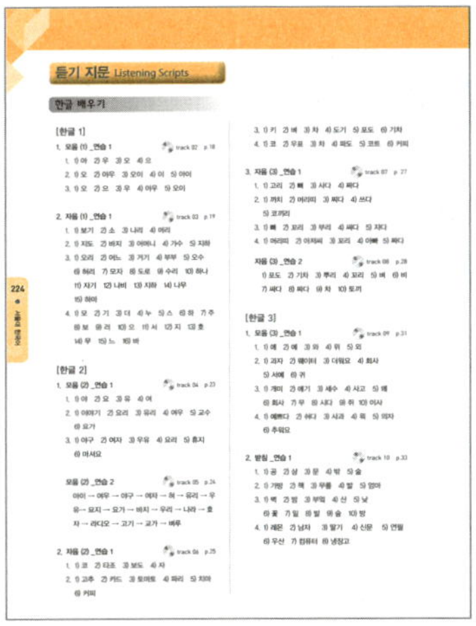

듣기 지문

한글 배우기, 복습 듣기의 지문을 제공한다.

The Listening Scripts furnish texts of the listening exercises for learning the Korean alphabet and for listening reviews.

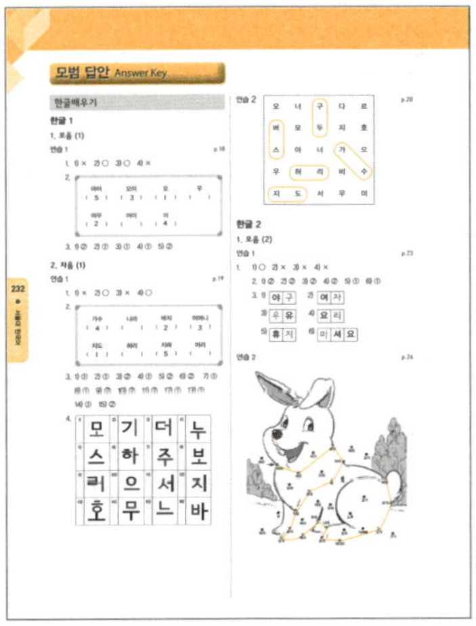

모범 답안

각 과의 '어휘, 문법과 표현, 문형 연습'의 문제, 복습의 '어휘와 문법, 발음, 듣기, 읽기와 쓰기' 문제에 대한 모범 답안을 제공한다.

Answer Key supplies correct answers for Vocabulary, Grammar and Expression, Pattern Practice in each unit; and Vocabulary and Grammar, Pronunciation, Listening, Reading and Writing in review units.

교실 용어 Classroom Talk

보세요.
Please look.

들으세요.
Please listen.

쓰세요.
Please write.

읽으세요.
Please read.

따라 하세요.
Please repeat.

쉬세요.
Please take a rest.

알아요.
I know.

몰라요.
I don't know.

좋아요.
Good!

차례 Contents

교재 구성표 Scope and Sequence

과 Unit	어휘 Vocabulary	문법과 표현 Grammar and Expression	
한글 배우기 Learning the Korean alphabet	한글 1 • 모음 (1) Vowels (1) • 자음 (1) Consonants (1) • 한글 1 쓰기	한글 2 • 모음 (2) Vowels (2) • 자음 (2) Consonants (2) • 자음 (3) Consonants (3) • 한글 2 쓰기	한글 3 • 모음 (3) Vowels (3) • 받침 Batchim (Syllable-final consonants) • 한글 3 쓰기
1 과 안녕하세요? Hello	• 국적 Nationality • 직업 Occupation	• 인사말 • N은/는 N이에요/예요 • N입니까?, N입니다 • N이/가 아닙니다	문형 연습 Pattern Practice
2 과 이거는 뭐예요? What is this?	• 학용품 School supplies • 일상 생활용품 Daily goods	• N이/가 있어요[없어요] • 이거는[그거는, 저거는] N이에요/예요 • N 주세요 • N하고 N	문형 연습 Pattern Practice
복습 1			
3 과 한국어를 공부해요 I study Korean	• 동사 1 Verb 1 • 장소 1 Place 1	• V-아요/어요 • N을/를 • N에서 • 안 V	문형 연습 Pattern Practice
4 과 어디에 있어요? Where is it?	• 장소 2 Place 2 • 위치 Location	• 여기가 N이에요/예요 • N에 있어요[없어요] • N에 가요[와요] • N 앞[뒤, 옆]	문형 연습 Pattern Practice
복습 2			

과 Unit	어휘 Vocabulary	문법과 표현 Grammar and Expression	
5 과 주말에 친구를 만났어요 I met my friend over the weekend	• 숫자 1 Numbers 1 • 요일 Days of the week	• 날짜와 요일 • N에 • V-았/었- • V-고	문형 연습 Pattern Practice
6 과 얼마예요? How much is it?	• 음식 Food • 숫자 2 Numbers 2 • 돈 Money	• V-(으)세요 • N 개[병, 잔, 그릇] • N이/가 A-아요/어요 • N도	문형 연습 Pattern Practice
복습 3			
7 과 날씨가 어떻습니까? How is the weather?	• 날씨와 계절 Weather and seasons • 형용사 1 Adjective 1	• 'ㅂ' 불규칙 • A/V-지만 • A/V-습니다/ㅂ니다 • A/V-고	문형 연습 Pattern Practice
8 과 영화 볼까요? Shall we watch a movie?	• 여가 활동 Leisure activities	• V-(으)ㄹ까요? • 'ㄷ' 불규칙 • 이[그, 저] N • A/V-네요	문형 연습 Pattern Practice
복습 4			

한글 배우기

Learning the Korean alphabet

서울대학교

서울

세종대왕

한글

한국

한글 1

- 모음 (1)
  Vowels (1)
- 자음 (1)
  Consonants (1)
- 한글 1 쓰기

한글 2

- 모음 (2)
  Vowels (2)
- 자음 (2)
  Consonants (2)
- 자음 (3)
  Consonants (3)
- 한글 2 쓰기

한글 3

- 모음 (3)
  Vowels (3)
- 받침
  Batchim (Syllable-final consonants)
- 한글 3 쓰기

한글 1

1. 모음 (1) Vowels (1)

연 습 1 들어 보세요. track 02
Listen to the following.

1. 잘 듣고 맞으면 ○, 틀리면 × 하세요.
   Mark ○ if the syllable matches the sound that you hear, and mark × if not.

   1) 어 ( )   2) 우 ( )   3) 오 ( )   4) 이 ( )

2. 잘 듣고 알맞은 것을 찾아 번호를 쓰세요.
   Listen and number the words as you hear them.

아이	오이	오	우
( )	( )	( )	( )
아우	어이	이	
( )	( )	( )	

3. 잘 듣고 맞는 것을 고르세요.
   Listen and choose the correct word.

   1) ① 어   ② 오
   2) ① 으   ② 이
   3) ① 우   ② 으
   4) ① 아우   ② 우아
   5) ① 아이   ② 오이

2. 자음 (1) Consonants (1)

연 습 1 들어 보세요. track 03

Listen to the following.

1. 잘 듣고 맞으면 ○, 틀리면 × 하세요.
Mark ○ if the word matches the sound that you hear, and mark × if not.

1) 고기	2) 소	3) 다리	4) 머리
( )	( )	( )	( )

2. 잘 듣고 알맞은 것을 찾아 번호를 쓰세요.
Listen and number the words as you hear them.

가수	나라	바지	어머니
( )	( )	( )	( )
지도	허리	지하	머리
(1)	( )	( )	( )

3. 잘 듣고 맞는 것을 고르세요.
Listen and choose the correct word.

1) ① 오리 ② 고리
2) ① 어느 ② 어디
3) ① 고기 ② 거기
4) ① 부부 ② 두부
5) ① 호수 ② 오수
6) ① 거리 ② 허리
7) ① 모자 ② 무사
8) ① 도로 ② 도보
9) ① 우리 ② 수리
10) ① 하다 ② 하나
11) ① 자리 ② 자기
12) ① 나비 ② 마비
13) ① 지하 ② 기사
14) ① 나무 ② 마구
15) ① 아마 ② 하마

4. 잘 듣고 글자를 완성하세요.
Listen and complete the syllables.

1)	모	2)	ㄱ	3)	ㄷ	4)	ㄴ
5)	ㅅ	6)	ㅎ	7)	ㅈ	8)	ㅂ
9)	ㄹ	10)	ㅇ	11)	ㅓ	12)	ㅣ
13)	ㅗ	14)	ㅜ	15)	ㅡ	16)	ㅏ

연 습 2

아래에서 다음 단어를 찾아보세요.
Find and circle the following words in the box below.

가수

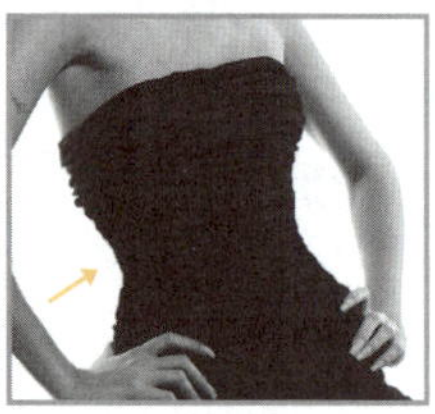
허리

구두

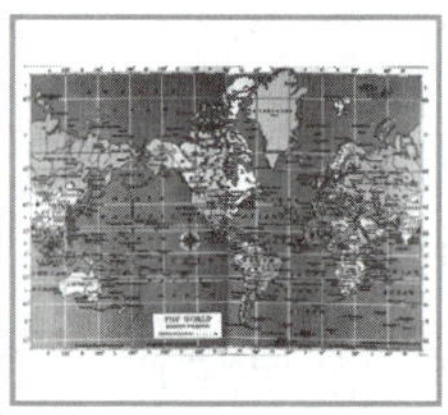
지도

버스

오	너	구	다	르
버	모	두	지	호
스	아	너	가	으
우	허	리	비	수
지	도	서	우	미

3. 한글 1 쓰기

쓰세요.
Write the following words.

아	이	오	이	우	리	어	머	니
아	이	오	이	우	리	어	머	니

가	수	거	미	구	두	다	리	미
가	수	거	미	구	두	다	리	미

나	라	누	구	다	리	라	디	오
나	라	누	구	다	리	라	디	오

모	자	머	리	비	누	아	버	지
모	자	머	리	비	누	아	버	지

버	스	사	자	지	도	소	나	무
버	스	사	자	지	도	소	나	무

자	주	허	리	호	수	바	구	니
자	주	허	리	호	수	바	구	니

한글 2

1. 모음 (2) Vowels (2)

연 습 1 들어 보세요. track 04
Listen to the following.

1. 잘 듣고 맞으면 ○, 틀리면 × 하세요.
Mark ○ if the syllable matches the sound that you hear, and mark × if not.

1) 야 ( ) 2) 여 ( ) 3) 요 ( ) 4) 유 ( )

2. 잘 듣고 맞는 것을 고르세요.
Listen and choose the correct word.

1) ① 아기 ② 이야기
2) ① 오리 ② 요리
3) ① 우리 ② 유리
4) ① 야구 ② 여우
5) ① 교수 ② 겨우
6) ① 요가 ② 휴가

3. 잘 듣고 쓰세요.
Listen and complete the words.

1)		구

2)		자

3)	우	

4)		리

5)		지

6)	마		

연 습 2 잘 듣고 들은 단어를 찾아 그림을 완성해 보세요. track 05

Complete the picture with the words that you hear.

2. 자음 (2) Consonants (2)

연 습 1 들어 보세요. track 06

Listen to the following.

1. 잘 듣고 맞으면 ○, 틀리면 × 하세요.
   Mark ○ if the word matches the sound that you hear, and mark × if not.

1) 코	2) 타조	3) 포도	4) 차
( )	( )	( )	( )

2. 잘 듣고 알맞은 것을 찾아 번호를 쓰세요.
   Listen and number the words as you hear them.

키	고추	코트	토마토
( )	(1)	( )	( )
피리	치마	커피	타조
( )	( )	( )	( )
카드	기차표	포도	차
( )	( )	( )	( )

3. 잘 듣고 맞는 것을 고르세요.
   Listen and choose the correct word.

1) ① 기 ② 키
2) ① 벼 ② 펴
3) ① 자 ② 차
4) ① 도기 ② 토기
5) ① 보도 ② 포도
6) ① 기자 ② 기차

4. 잘 듣고 쓰세요.
   Listen and complete the words.

1) □ 2) 우 □ 3) □

4) □ 도 5) □ □ 6) □ □

연 습 2 친구의 말을 잘 듣고 가게 이름을 쓰세요.

Write what you hear. (활동지 B → p.222)

[활동지 A]

Phone Note		Phone Note	
1. 쿠키 & 차 881-0414		6. □□ □□ 2011-0818	
2. 아이 피부 764-1981	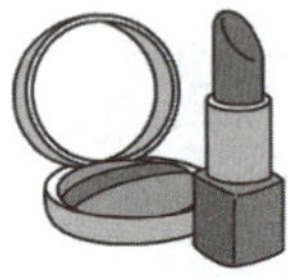	7. □□□ □□ 765-0104	
3. 키즈 나라 2320-1260		8. □□□ □□ 228-1303	
4. 지하 사우나 805-0323		9. □□ □□ 423-7603	
5. 코리아 슈퍼 775-1106		10. □□ □□□ 516-0330	

3. 자음 (3) Consonants (3)

연 습 1

들어 보세요. track 07

Listen to the following.

1. 잘 듣고 맞으면 ○, 틀리면 × 하세요.
   Mark ○ if the syllable matches the sound that you hear, and mark × if not.

1) 꼬리	2) 뼈	3) 싸다	4) 짜다
( )	( )	( )	( )

2. 잘 듣고 알맞은 것을 찾아 번호를 쓰세요.
   Listen and number the words as you hear them.

머리띠	까치	아저씨	뿌리
( )	(1)	( )	( )
쓰다	아빠	코끼리	찌다
( )	( )	( )	( )
따다			
( )			

3. 잘 듣고 맞는 것을 고르세요.
   Listen and choose the correct word.

   1) ① 벼 ② 뼈
   2) ① 고리 ② 꼬리
   3) ① 부리 ② 뿌리
   4) ① 사다 ② 싸다
   5) ① 자다 ② 짜다

4. 잘 듣고 쓰세요.
   Listen and complete the words.

1) | 머 | | |

2) | 아 | | |

3) | | 리 |

4) | 아 | |

5) | | 다 |

연 습 2 잘 듣고 들은 단어를 따라 길을 찾아보세요. track 08

Find the way with the words that you hear.

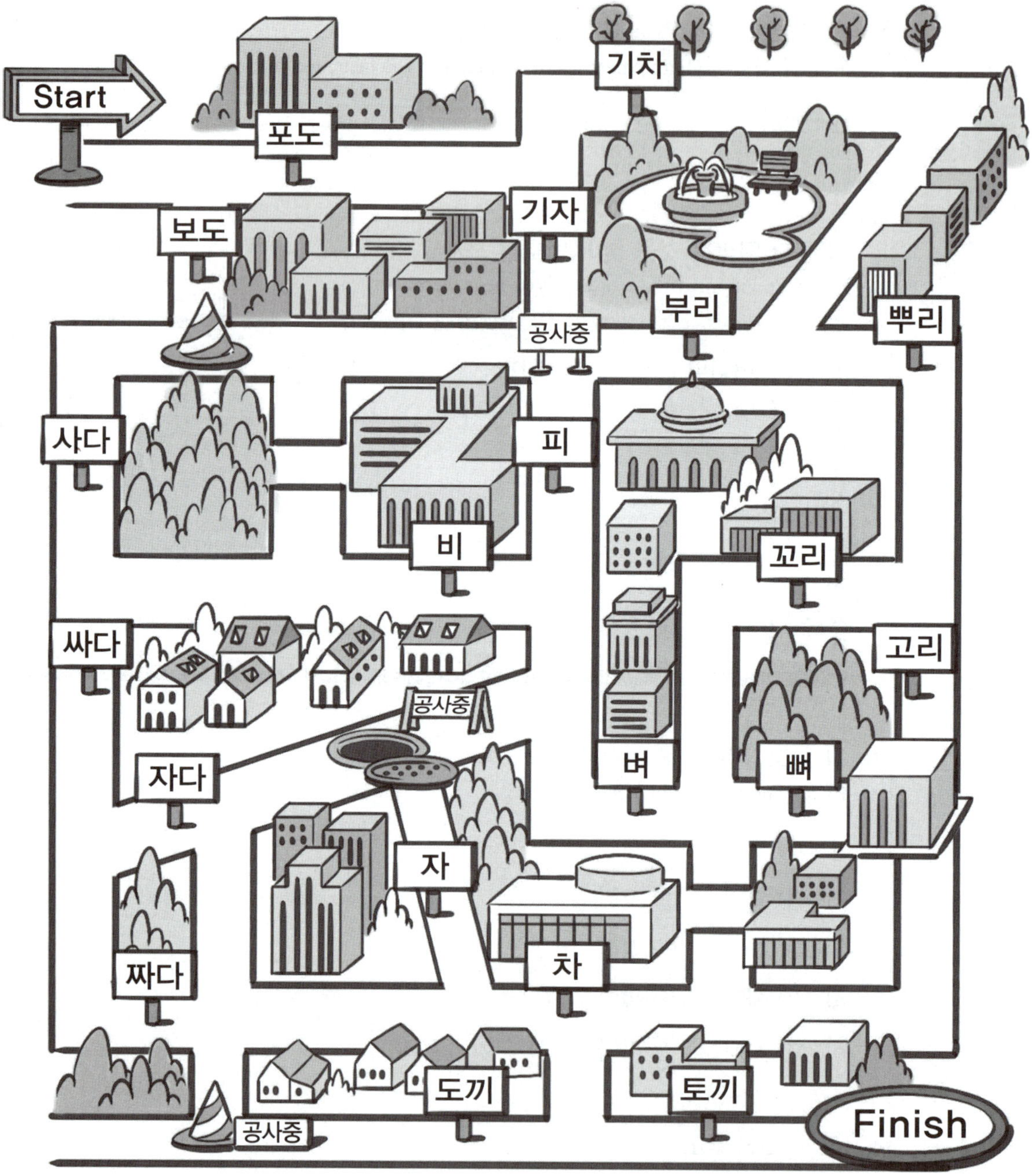

4. 한글 2 쓰기

쓰세요.
Write the following words.

야	구	교	수	요	가	이	야	기
야	구	교	수	요	가	이	야	기

우	유	여	자	유	리	토	마	토
우	유	여	자	유	리	토	마	토

고	추	치	마	코	트	기	차	표
고	추	치	마	코	트	기	차	표

커	피	우	표	포	도	코	끼	리
커	피	우	표	포	도	코	끼	리

꼬	리	아	빠	쓰	다	머	리	띠
꼬	리	아	빠	쓰	다	머	리	띠

짜	다	가	짜	뜨	다	아	저	씨
짜	다	가	짜	뜨	다	아	저	씨

한글 3

1. 모음 (3) Vowels (3)

연 습 1 들어 보세요. track 09
Listen to the following.

1. 잘 듣고 맞으면 ○, 틀리면 × 하세요.
Mark O if the syllable matches the sound that you hear, and mark X if not.

1) 애	2) 예	3) 왜	4) 위	5) 의
( )	( )	( )	( )	( )

2. 잘 듣고 알맞은 것을 찾아 번호를 쓰세요.
Listen and number the words as you hear them.

의사	새	귀	회사
( )	( )	( )	( )
웨이터	서예	과자	더워요
( )	( )	( )	( )

3. 잘 듣고 맞는 것을 고르세요.
Listen and choose the correct word.

1) ① 개미 ② 거미
2) ① 얘기 ② 아기
3) ① 세수 ② 서수
4) ① 사과 ② 사고
5) ① 왜 ② 와
6) ① 회사 ② 화사
7) ① 뭐 ② 무
8) ① 쉬다 ② 시다
9) ① 쥐 ② 줘
10) ① 의사 ② 이사

4. 잘 듣고 쓰세요.
Listen and complete the words.

1)

	쁘	다

2)

	다

3)

사	

4)

5)

	자

6)

		요

연 습 2 다음 글자를 읽어 보고 단어를 찾아보세요.
Read the following and circle the words.

카	메	라	쇠	고	기	차
드	회	의	디	추	더	쓰
의	사	스	서	오	워	세
과	자	웨	예	리	요	요
웨	이	터	다	쁘	가	위
화	세	개	리	쉬	다	바
가	수	파	미	돼	지	하

⋮

2. 받침 Batchim (Syllable-final consonants)

연습 1

들어 보세요. track 10

Listen to the following.

1. 잘 듣고 맞으면 ○, 틀리면 × 하세요.

   Mark ○ if the syllable matches the sound that you hear, and mark × if not.

   1) 공 ( ) 2) 산 ( ) 3) 문 ( ) 4) 밖 ( ) 5) 숲 ( )

2. 잘 듣고 알맞은 것을 찾아 번호를 쓰세요.

   Listen and number the words as you hear them.

물	발	엄마	가방
( )	( )	( )	( )
책	무릎	밥	얼마
( )	( )	( )	( )

3. 잘 듣고 맞는 것을 고르세요.

   Listen and choose the correct word.

   1) ① 벽 ② 병
   2) ① 밤 ② 밖
   3) ① 부엉 ② 부엌
   4) ① 산 ② 삼
   5) ① 남 ② 낮
   6) ① 꼭 ② 꽃
   7) ① 밀 ② 밑
   8) ① 발 ② 밤
   9) ① 술 ② 숲
   10) ① 반 ② 방

4. 잘 듣고 쓰세요.
Listen and complete the words.

1) | 레 | |

2) | | 자 |

3) | | 기 |

4) | | 문 |

5) | 연 | |

6) | 우 | |

7) | | 퓨 | 터 |

8) | | | 고 |

연 습 2 다음 단어를 읽고 소리가 같은 것을 찾아 연결해 보세요.
Read the following words. Then match each word with the word that has same sound.

1) 옷 • → • 옥 / • 옻

2) 박 • • 밖 / • 밤

3) 있다 • • 잊다 / • 입다

4) 낮 • • 날 / • 낫

5) 숱 • • 숯 / • 술

6) 집 • • 짐 / • 짚

7) 잎 • • 입 / • 일

3. 한글 3 쓰기

쓰세요.
Write the following words.

개	미	모	래	얘	기	카	메	라
개	미	모	래	얘	기	카	메	라

세	수	그	네	서	예	예	쁘	다
세	수	그	네	서	예	예	쁘	다

사	과	화	가	돼	지	쇠	고	기
사	과	화	가	돼	지	쇠	고	기

두	뇌	회	사	줘	요	추	워	요
두	뇌	회	사	줘	요	추	워	요

쉬	다	가	위	의	자	스	웨	터
쉬	다	가	위	의	자	스	웨	터

수	박	부	엌	신	문	돈	레	몬
수	박	부	엌	신	문	돈	레	몬

버	섯	옷	낮	꽃	밑	히	읗	물
버	섯	옷	낮	꽃	밑	히	읗	물

딸	기	연	필	남	자	컴	퓨	터
딸	기	연	필	남	자	컴	퓨	터

밥	입	무	릎	가	방	냉	장	고
밥	입	무	릎	가	방	냉	장	고

1 안녕하세요?
Hello

어 휘

- 국적
  Nationality
- 직업
  Occupation

문법과 표현

- 인사말
- N은/는 N이에요/예요
- N입니까?, N입니다
- N이/가 아닙니다

문형 연습

어 휘 Vocabulary

연 습 1 빈칸에 알맞은 단어를 쓰세요.
Complete the words.

① 미 | 국
② _ | 국
③ 독 | _
④ _ | 국
⑤ 호 | _
⑥ _ | 국
⑦ 일 | _
⑧ ______

연 습 2 알맞은 그림을 연결하세요.
Match each name card with the corresponding picture.

1) 이름 : 카말
직업 : 요리사 •

2) 이름 : 아키라
직업 : 회사원 •

3) 이름 : 마이클
직업 : 기자 •

4) 이름 : 나나
직업 : 학생 •

• ① 

• ② 

• ③ 

• ④ 

연 습 3 그림을 보고 [보기]와 같이 쓰세요.

Look at the pictures and complete the sentences as shown in the example.

[보기]

한국 사람 입니다.

1)

__________입니다.

2)

__________입니다.

3)

__________입니다.

4)

__________입니다.

5)

__________입니다.

6)

__________입니다.

문법과 표현 Grammar and Expression

1. 인사말

연 습 1 그림을 보고 빈칸에 알맞은 것을 쓰세요.
Look at the pictures and complete the sentences.

1)

안					?

2)

안			■				.

3)

만			■	반				.

4)

			■	반	갑				.

연 습 2 그림을 보고 한국말로 인사해 보세요.

Look at the pictures and greet each other in Korean.

1)

2)

3)

4)

2. N은/는 N이에요/예요

연 습 1 [보기]와 같이 알맞은 것을 쓰세요.
Complete the sentences with the correct particle.

[보기] 저 <u>는</u> 독일 사람이에요.

1) 나나_______ 중국 사람이에요.
2) 스티븐_______ 미국 사람이에요.
3) 마리코_______ 일본 사람이에요.
4) 줄리앙_______ 프랑스 사람이에요.
5) 민수_______ 한국 사람이에요.

연 습 2 알맞은 것을 연결하세요.
Match each picture with the correct ending.

1)  켈리 • — • 예요

2)  나나 •

3)  스티븐 •

4)  마리코 •

5)  줄리앙 •

6)  정우 •

• 이에요
• 예요

연 습 3 그림을 보고 [보기]와 같이 문장을 완성하세요.

Look at the pictures and complete the sentences as shown in the example.

[보기]

마리코
= 일본 사람 　 마리코는 일본 사람이에요 ____.

1) 

니콜
= 선생님 　 니콜은 ____________.

2) 

민수
= 회사원 　 ____________.

3) 

마이클
= 기자 　 ____________.

4) 

카말
= 인도 사람 　 ____________.

5) 

저스틴
= 가수 　 ____________.

6) 

알렉스
= 군인 　 ____________.

연 습 4 다음을 읽고 [↘], [↗]로 표시해 보세요.

Read the following dialogues and mark the intonation.

1) A : 저는 최정우예요. [↘]
B : 저는 이지연이에요. [ ]

2) A : 샤오밍 씨는 중국 사람이에요? [ ]
B : 네, 중국 사람이에요. [ ]

3) A : 저는 켈리예요. [ ]
B : 켈리 씨는 호주 사람이에요? [ ]
A : 네, 저는 호주 사람이에요. [ ]

3. N입니까?, N입니다

연 습 1

[보기]와 같이 알맞은 것을 쓰세요.
Complete the sentences as shown in the example.

> [보기]
> 스티븐은 학생 입니까 ?
> 스티븐은 학생 입니다 .

1) 저는 김민수_______________.
2) 저는 중국 사람_______________.
3) 이지연 씨는 기자_______________?
4) 저는 요리사_______________.
5) 마리아 씨는 독일 사람_______________?
6) 히엔 씨는 회사원_______________?

연 습 2

그림을 보고 [보기]와 같이 대화를 완성하세요.
Look at the pictures and complete the dialogues as shown in the example.

> [보기]
> 
> 나나
> = 학생
> 나나 씨는 학생입니까 ?
> 네, 학생입니다 .

1) A : 마리아 씨는 ____________________?
   B : 네, ________________________.

마리아 = 의사

2) A : 김민수 씨는 ____________________?
   B : 네, ________________________.

김민수 = 회사원

3) A : 마이클 씨는 ____________________?
   B : 네, ________________________.

마이클 = 기자

4) A : 카말 씨는 ____________________?
   B : 네, ________________________.

카말 = 요리사

5) A : 저스틴 씨는 ____________________?
   B : 네, ________________________.

저스틴 = 가수

연 습 3 알맞은 것을 골라 문장을 완성하세요.

Complete the sentences with the appropriate ending.

입니다	이에요/예요

1) 저는 김준석 기자 입니다.

2) 스티븐은 미국 사람__________.

3) 안녕하세요? 아키라__________.

4) 저는 마이클 노먼__________.

5) 저스틴은 영국 가수__________.

6) 저는 최정우__________.

연 습 4 다음과 같이 고쳐 쓰세요.

Rewrite the sentences as shown in the example.

1) A : 저는 알렉스**예요.** → 저는 알렉스입니다.

2) B : 알렉스 씨는 군인**이에요**? → 알렉스 씨는 군인입니까?

3) A : 네, 저는 군인**이에요.** → __________.

4) B : 알렉스 씨는 어느 나라 사람**이에요**? → __________?

5) A : 저는 미국 사람**이에요.** → __________.

4. N이/가 아닙니다

연 습 1 알맞은 것을 고르세요.
Circle the correct particle.

1) 저는 중국 사람(이 / 가) 아닙니다.
2) 저는 가수(이 / 가) 아닙니다.
3) 스티븐은 캐나다 사람(이 / 가) 아닙니다.
4) 아키라는 의사(이 / 가) 아닙니다.
5) 마리아는 일본 사람(이 / 가) 아닙니다.
6) 저는 한국 사람(이 / 가) 아닙니다.
7) 저는 마이클(이 / 가) 아닙니다.
8) 샤오밍은 기자(이 / 가) 아닙니다.

연 습 2 그림을 보고 [보기]와 같이 문장을 완성하세요.
Look at the pictures and create the sentences as shown in the example.

[보기]

저
≠ 중국 사람 저는 중국 사람이 아닙니다.

1)

저
≠ 한국 사람 ____________________.

2)

줄리앙
≠ 독일 사람 ____________________.

3)

나오미
≠ 가수 ____________________.

4)

캐롤
≠ 군인 ____________________.

5)

톰
≠ 요리사 ____________________.

연 습 3 그림을 보고 [보기]와 같이 대화를 완성하세요.

Look at the pictures and complete the dialogues as shown in the example.

[보기]

A : 스티븐 씨는 영국 사람입니까?

B : 아니요, 영국 사람이 아닙니다.

저는 미국 사람입니다.

1)

A : 마리아 씨는 러시아* 사람입니까?

B : 아니요, ______________________.

저는 독일 사람입니다.

2)

A : 마이클 씨는 호주 사람입니까?

B : 아니요, ______________________.

저는 영국 사람입니다.

3)

A : 하산 씨는 인도 사람입니까?

B : 아니요, ______________________.

저는 파키스탄* 사람입니다.

4)

A : 김민수 씨는 선생님입니까?

B : 아니요, ______________________.

저는 회사원입니다.

5)

A : 저스틴 씨는 기자입니까?

B : 아니요, ______________________.

저는 가수입니다.

연 습 4 친구와 이야기해 보세요.

Ask each other questions and respond.

________ 씨, 한국 사람입니까?

________ 씨, 선생님입니까?

________ 씨, 하버드대학교* 학생입니까?

________ 씨, ______________?

러시아 Russia　파키스탄 Pakistan　하버드대학교 Harvard University

문형 연습 Pattern Practice

track 11

연습 1

> [보기] **선생님** (T) 안녕하세요?
> **학 생** (S) 안녕하세요?

1. T 안녕히 가세요.
   S ______________________.
2. T 안녕히 계세요.
   S ______________________.
3. T 만나서 반가워요.
   S ______________________.
4. T 만나서 반갑습니다.
   S ______________________.

연습 2

> [보기] **선생님** (T) 저, 나나
> **학 생** (S) 저는 나나예요.

1. T 저, 켈리
   S ______________________.
2. T 저, 스티븐
   S ______________________.
3. T 카말, 요리사
   S ______________________.
4. T 줄리앙, 프랑스 사람
   S ______________________.

연습 3

[보기] **선생님** (T) 스티븐 씨는 미국 사람입니까?
학 생 (S) (네) 네, 스티븐 씨는 미국 사람입니다.

1. T 마리코 씨는 일본 사람입니까?
   S (네) ____.
2. T 줄리앙 씨는 프랑스 사람입니까?
   S (네) ____.
3. T 니콜 씨는 선생님입니까?
   S (네) ____.
4. T 알렉스 씨는 군인입니까?
   S (네) ____.

연습 4

[보기] **선생님** (T) 스티븐 씨는 영국 사람입니까?
학 생 (S) (미국 사람) 아니요, 영국 사람이 아닙니다.
미국 사람입니다.

1. T 아키라 씨는 중국 사람입니까?
   S (일본 사람) ____.
2. T 켈리 씨는 캐나다 사람입니까?
   S (호주 사람) ____.
3. T 마리아 씨는 요리사입니까?
   S (의사) ____.
4. T 샤오밍 씨는 기자입니까?
   S (학생) ____.

2 이거는 뭐예요?
What is this?

어 휘

- 학용품
  School supplies
- 일상 생활용품
  Daily goods

문법과 표현

- N이/가 있어요[없어요]
- 이거는[그거는, 저거는] N이에요/예요
- N 주세요
- N하고 N, N과/와 N

문형 연습

어 휘 Vocabulary

연 습 1 빈칸에 알맞은 단어를 쓰세요.
Complete the words.

1)

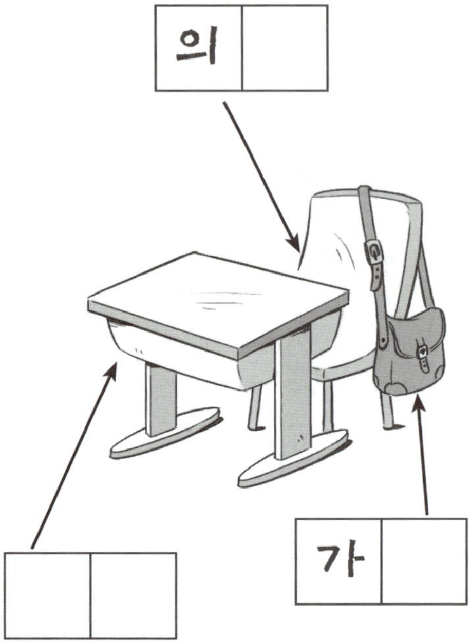

2)

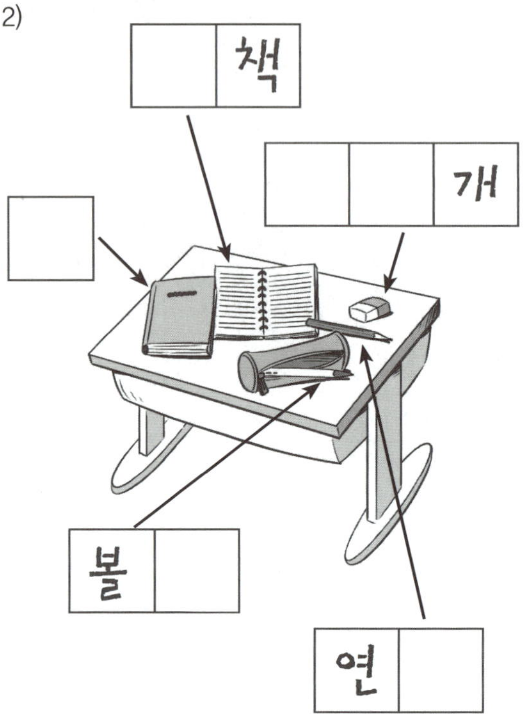

연 습 2 알맞은 단어를 연결하세요.
Match each word with the correct picture.

모자 •

안경 •

우산 •

• 시계

• 신문

• 휴대폰

연 습 3 그림을 보고 [보기]와 같이 대화를 완성하세요.

Look at the pictures and complete the dialogues as shown in the example.

[보기]

A : 이거 ___책___ 이에요?

B : 네, ___책이에요___.

1)

A : 이거 __________ 이에요?

B : 네, __________________.

2)

A : 이거 __________ 이에요?

B : 네, __________________.

3)

A : 이거 __________ 이에요?

B : 네, __________________.

4)

A : 이거 __________ 예요?

B : 네, __________________.

5)

A : 이거 __________ 예요?

B : 네, __________________.

6)

A : 이거 __________ 예요?

B : 네, __________________.

연 습 4 아는 단어를 모두 찾아보세요.

Find all the words that you know.

공	가	방	시	담
안	책	게	연	필
경	상	지	볼	통
신	사	우	펜	모
문	전	개	의	자

문법과 표현 Grammar and Expression

1. N이/가 있어요[없어요]

연 습 1 알맞은 것을 고르세요.
Circle the correct particle.

1) 책상(이 / 가) 있어요.
2) 책(이 / 가) 있어요.
3) 모자(이 / 가) 있어요.
4) 가방(이 / 가) 없어요.
5) 카메라(이 / 가) 없어요.
6) 시계(이 / 가) 없어요.

연 습 2 그림을 보고 [보기]와 같이 대화를 완성하세요.
Look at the pictures and complete the dialogues as shown in the example.

[보기]

A : 우산이 있어요?
B : 네, 있어요.

A : 우산이 있어요?
B : 아니요, 없어요.

1)
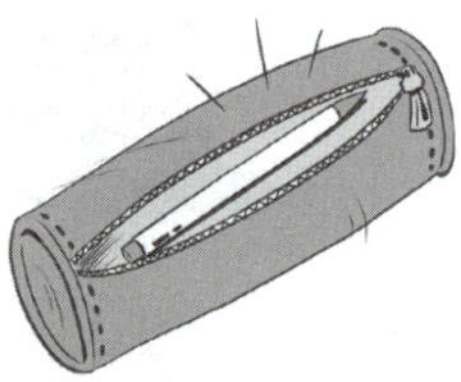

A : ______________________?
B : 네, ______________________.

2)

A : ______________________?
B : 아니요, ______________________.

3)
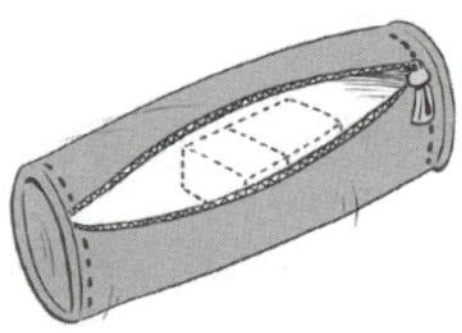

A : ______________________?
B : 아니요, ______________________.

4)
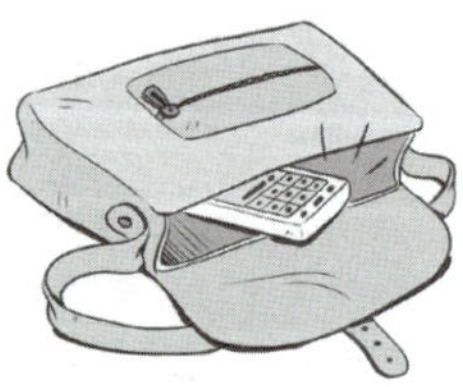

A : ______________________?
B : 네, ______________________.

연 습 3 그림을 보고 [보기]와 같이 이야기해 보세요.

Look at the pictures and create the dialogues as shown in the example.

[보기]

휴지* 있어요?

네, 있어요.

아니요, 없어요.

1)

2)

3)

4)

5)

6)

?

휴지 tissue

2. 이거는[그거는, 저거는] N이에요/예요

연 습 1 그림을 보고 대화를 완성하세요.
Look at the pictures and complete the dialogues.

1) 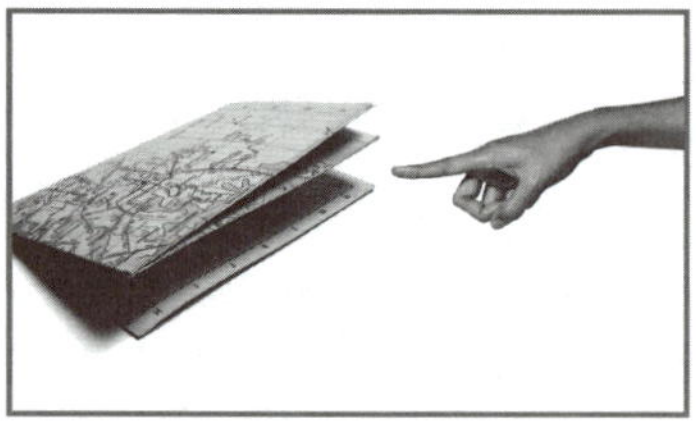

A : 이거는 뭐예요?

B : 지도예요 ______________________.

2) 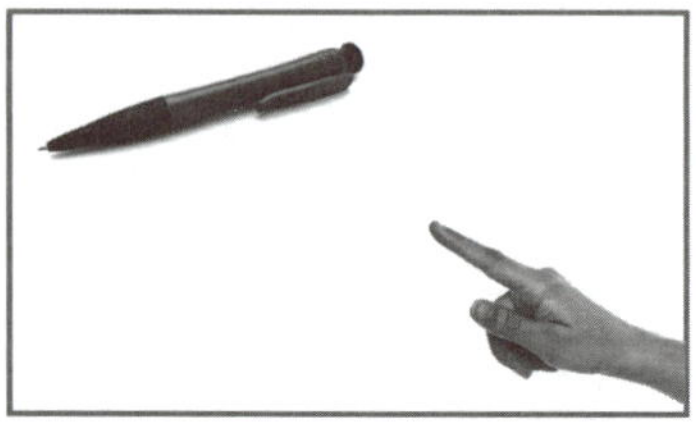

A : 저거는 뭐예요?

B : ______________________.

3) 

A : 이거는 시계예요?

B : 네, ______________________.

4) 

A : 저거는 휴대폰이에요?

B : ______________________.

5) 

A : 이거는 책이에요?

B : 아니요, ______________________.

6) 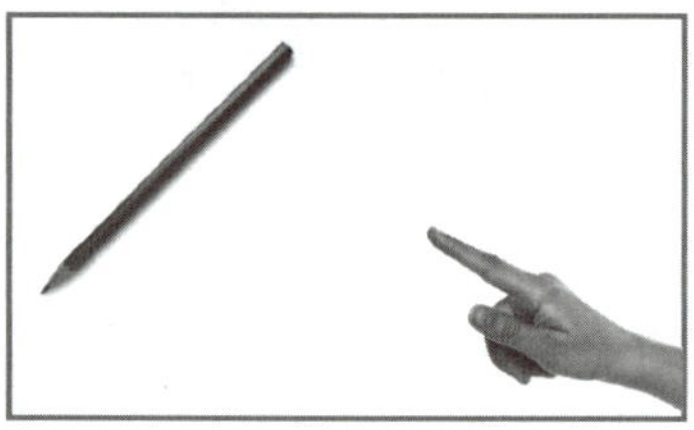

A : 저거는 볼펜이에요?

B : ______________________.

7) 

A : ______________________?

B : ______________________.

8) 

A : ______________________?

B : ______________________.

연 습 2

활동지 A, B를 보고 이야기해 보세요. (활동지 B → p.223)

Using activity sheets A & B, ask each other questions and respond as shown in the example.

[활동지 A]

[보기]

이거 책이에요?

아니요, 공책이에요.

1)

2)

3)

4)

연 습 3

친구와 이야기해 보세요.

Ask your classmates how to say the following sentences in their native language.

"**I love you.**"는 한국어로 뭐예요?

"**안녕하세요?**"는 중국어로* 뭐예요?

"__________"은/는 일본어로* 뭐예요?

"__________"은/는 ________로 뭐예요?

"__________"이에요/예요.

*중국어로 in Chinese　일본어로 in Japanese

3. N 주세요

연습 1 그림을 보고 [보기]와 같이 이야기해 보세요.

Ask for the items in the pictures as shown in the example.

[보기]

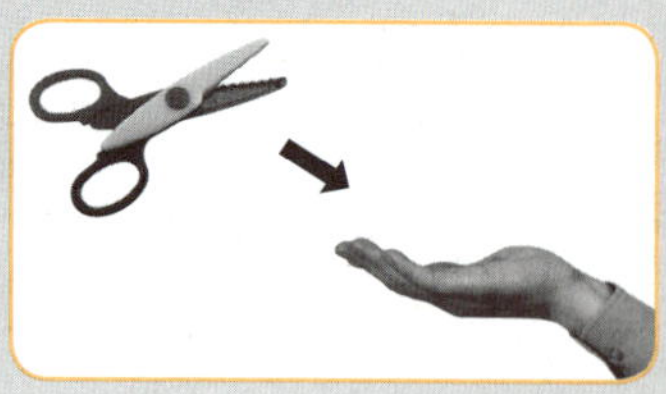

가위* 주세요.

1) 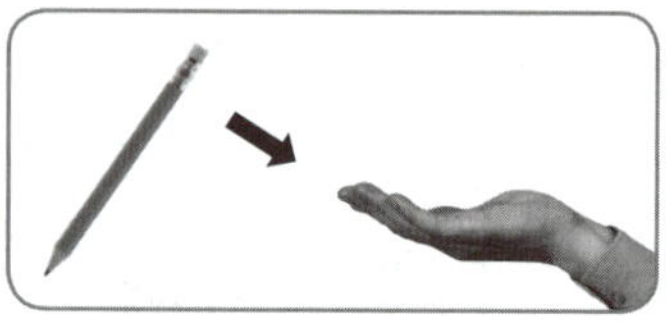

2) 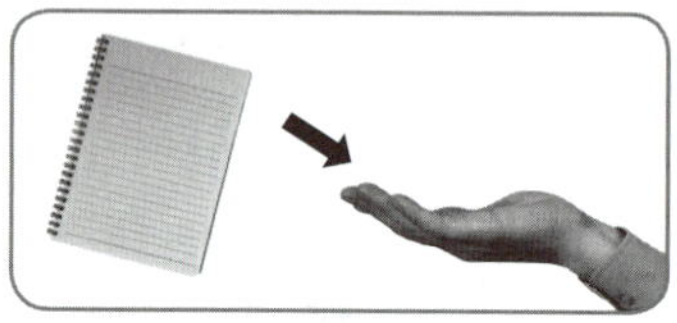

3) 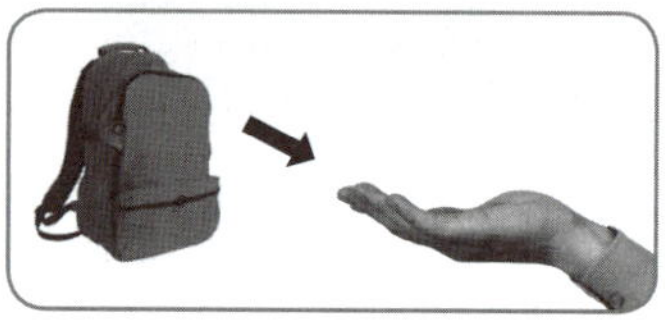

4) 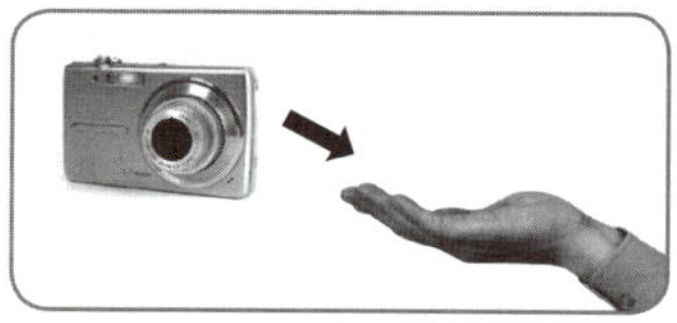

연습 2 그림을 보고 [보기]와 같이 이야기해 보세요.

Look at the pictures and create the sentences as shown in the example.

명함

휴지

안경

물

코트*

[보기]

1) 

2) 

3) 

4) 

가위 scissors 코트 coat

연 습 3 그림을 보고 [보기]와 같이 대화를 완성하세요.

Look at the pictures and complete the dialogues as shown in the example.

[보기]

A : 사탕* 주세요.

B : 여기 있어요.

1)

A : ______________________.

B : 여기 있어요.

2)

A : ______________________.

B : 여기 있어요.

3)

A : ______________________.

B : ______________________.

연 습 4 받고 싶은 선물을 이야기해 보세요.

Ask Santa Clause for items that you would like to receive.

________ 주세요.

사탕 candy

4. N하고 N, N과/와 N

연 습 1

그림을 보고 [보기]와 같이 쓰세요.

Look at the pictures and combine two nouns into a noun phrase as shown in the example.

1)

가방하고 책

2)

____

3)

____

4)

____

5)

____

6)

____

연 습 2

알맞은 것을 고르세요.

Circle the correct particle.

1) 가방(과 / 와) 책입니다.

2) 신문(과 / 와) 볼펜입니다.

3) 모자(과 / 와) 우산입니다.

4) 연필(과 / 와) 공책입니다.

5) 카메라(과 / 와) 시계입니다.

6) 잡지(과 / 와) 사전입니다.

연 습 3 그림을 보고 [보기]와 같이 대화를 완성하세요.

Look at the pictures and complete the dialogues as shown in the example.

[보기]

연필 + 책

A : 뭐가 있어요?

B : 연필하고 책 (이)/ 가 있어요.

1)

커피 + 콜라

A : 뭐가 있어요?

B : ____________________이 / 가 있어요.

2)

신문 + 우산

A : 뭐가 있어요?

B : ____________________이 / 가 있어요.

3)

과자* + 초콜릿*

A : 뭐가 있어요?

B : ____________________이 / 가 있어요.

연 습 4 알맞은 것을 골라 문장을 완성하세요.

Complete the sentences using the appropriate particle from the box.

은	는	이	가	하고

1) 저________ 프랑스 사람이에요.

2) 스티븐________ 정우는 학생이에요.

3) 켈리________ 일본 사람________ 아니에요.

4) 이거________ 안경이에요.

5) 모자________ 가방 주세요.

6) 이거 지우개예요? – 아니요, 지우개________ 아니에요.

과자 snack food 초콜릿 chocolate

문형 연습 Pattern Practice

track 12

연 습 1

[보기] 선생님 (T) 책, 있다
학 생 (S) 책이 있어요.

1. T 볼펜, 있다
   S ______________________________.
2. T 카메라, 없다
   S ______________________________.
3. T 휴대폰, 있다
   S ______________________________.
4. T 우산, 없다
   S ______________________________.

연 습 2

[보기] 선생님 (T) 이거 뭐예요?
학 생 (S) (이거, 의자) 이거는 의자예요.

1. T 이거 뭐예요?
   S (이거, 모자) ______________________________.
2. T 저거 뭐예요?
   S (저거, 시계) ______________________________.
3. T 저거 뭐예요?
   S (저거, 가방) ______________________________.
4. T 이거 뭐예요?
   S (그거, 책상) ______________________________.

연 습 3

[보기] **선생님** (T) 신문, 물
학 생 (S) 신문하고 물 주세요.

1. T 지우개, 연필
   S ______________________________.
2. T 커피, 우유
   S ______________________________.
3. T 볼펜, 공책
   S ______________________________.
4. T 우산, 휴지
   S ______________________________.

연 습 4

[보기] **선생님** (T) 뭐가 있어요?
학 생 (S) (책상, 의자) 책상하고 의자가 있어요.

1. T 뭐가 있어요?
   S (신문, 잡지) ______________________________.
2. T 뭐가 있어요?
   S (시계, 안경) ______________________________.
3. T 뭐가 있어요?
   S (물, 주스) ______________________________.
4. T 뭐가 있어요?
   S (휴대폰, 카메라) ______________________________.

복습 1

어휘와 문법 Vocabulary and Grammar

1. 정리하기

어휘

1과	독일 – 독일 사람 미국 – 미국 사람 영국 – 영국 사람 일본 – 일본 사람 중국 – 중국 사람 프랑스 – 프랑스 사람	한국 – 한국 사람 호주 – 호주 사람 가수 군인	기자 선생님 요리사 의사 학생 회사원
2과	가방 공책 볼펜 연필 의자 지우개	책 책상 모자 사전	시계 신문 안경 우산 카메라 휴대폰

문법

1과	N은/는 N이에요/예요	저**는** 최정우**예요**. 샤오밍**은** 중국 사람**이에요**. 아키라 씨**는** 기자**예요**? – 아니요, 저**는** 회사원**이에요**.
	N입니까?, N입니다	유진 씨는 학생**입니까**? – 네, 저는 학생**입니다**.
	N이/가 아닙니다	스티븐 씨는 의사입니까? – 아니요, 저는 의사**가 아닙니다**. 샤오밍 씨는 한국 사람**이 아닙니다**.
2과	N이/가 있어요[없어요]	한국 친구**가 있어요**? – 네, **있어요**. 우산**이 있어요**? – 아니요, 우산**이 없어요**.
	이거는[그거는, 저거는] N이에요/예요	**이거는** 의자**예요**. **저거는** 책상**이에요**. **그거는** 뭐**예요**? – **이거는** 신문**이에요**.
	N 주세요	지우개 **주세요**. 책 좀 **주세요**.
	N하고 N, N과/와 N	지우개**하고** 연필 주세요. = 지우개**와** 연필 주세요. 볼펜**하고** 공책이 있어요. = 볼펜**과** 공책이 있어요.

2. 확인하기

알아보기

이거는 시계**예요**.

시계가 **있어요**.

이거는 시계**가 아니에요**.

시계가 **없어요**.

연습

맞는 것을 고르세요.

1. 정우는 한국 사람(이에요 / 있어요).
2. 저는 여자 친구가 (예요 / 있어요).
3. 제 여자 친구는 학생(이에요 / 있어요).
4. 그거는 모자(예요 / 있어요)?
5. 휴대폰이 (이에요 / 있어요)?
6. 이거는 제 휴대폰이 (아니에요 / 없어요).
7. A : 사전 있어요?

   B : 아니요, 사전이 (아니에요 / 없어요)
8. A : 남자 친구가 (이에요 / 있어요)?

   B : 네. 제 남자 친구는 회사원(이에요 / 있어요).

3. 평가하기

제한 시간 15분 | 내 점수 : / 20

[1–5] 그림을 보고 ( )에 알맞은 것을 고르세요.

1. A : 직업이 무엇입니까?
   B : ( )입니다.

① 학생
② 기자
③ 경찰
④ 회사원

2. A : 어느 나라 사람이에요?
   B : ( ) 사람이에요.

① 한국
② 영국
③ 중국
④ 미국

3. A : 이거는 뭐예요?
   B : ( )예요/이에요.

① 의자
② 가방
③ 모자
④ 책상

4. A : 이거는 뭐예요?
   B : ( )예요/이에요.

① 볼펜
② 과자
③ 연필
④ 지우개

5. A : 이거는 뭐예요?
B : (　　　　　)예요/이에요.

① 공책
② 사전
③ 잡지
④ 신문

[6-10] (　　　　　)에 알맞은 것을 고르세요.

6. 줄리앙(　　　　　) 프랑스 사람입니다.
① 은　　② 는　　③ 과　　④ 와

7. 아키라(　　　　　) 회사원입니다.
① 은　　② 는　　③ 과　　④ 하고

8. 이거는 시계(　　　　　) 아닙니다.
① 이　　② 가　　③ 와　　④ 하고

9. 우산(　　　　　) 있어요?
① 이　　② 가　　③ 와　　④ 과

10. 볼펜(　　　　　) 책 좀 주세요.
① 은　　② 이　　③ 와　　④ 하고

[11-14] 그림을 보고 (　　　　　)에 알맞은 것을 고르세요.

11.

A : 안녕히 계세요.
B : (　　　　　　　).

① 안녕하세요　　② 안녕히 계세요
③ 안녕히 가세요　　④ 만나서 반가워요

12.

A : (   )는 한국어로 뭐예요?
B : (   )는 지도예요.

① 이거 – 저거
② 저거 – 저거
③ 그거 – 이거
④ 이거 – 그거

13.

A : (   )는 한국어로 뭐예요?
B : (   )는 가방이에요.

① 이거 – 저거
② 저거 – 저거
③ 그거 – 이거
④ 이거 – 이거

14.

A : (   )는 한국어로 뭐예요?
B : (   )는 모자예요.

① 저거 – 이거
② 저거 – 저거
③ 그거 – 이거
④ 이거 – 저거

[15–16] 다음을 읽고 물음에 답하세요.

> A : 잡지 있어요?
> B : 네, 있어요.
> 영화 잡지(㉠   ) 컴퓨터 잡지가 있어요.
> A : 컴퓨터 잡지 (㉡   ).
> B : 네, 여기 있어요.

15. ㉠에 알맞은 것을 고르세요.

① 는　② 가　③ 과　④ 와

16. ㉡에 알맞은 것을 고르세요.

① 예요　② 주세요　③ 입니다　④ 없어요

[17-20] (　　　)에 알맞은 것을 고르세요.

17. A : 이거는 책입니까?

B : 아니요, 이거는 (　　　).

① 책입니다　② 책입니까?

③ 책 있어요　④ 책이 아닙니다

18. A : 시계가 있어요?

B : 네, (　　　).

① 있어요　② 시계예요

③ 없어요　④ 아니에요

19. A : 켈리 씨는 (　　　)?

B : 네, 저는 호주 사람이에요.

① 뭐예요　② 미국 사람이에요

③ 호주 사람이에요　④ 어느 나라 사람이에요

20. A : (　　　)이/가 뭐예요?

B : 스티븐이에요.

① 나라　② 이름

③ 직업　④ 전화번호

발음 Pronunciation

1. 정리하기

1. 평서문은 끝을 내리고, 의문문은 끝을 올립니다.
   Statements have a falling intonation. Questions have a rising intonation.

   예] 나나 씨는 중국 사람이에요? / – 네, 나나 씨는 중국 사람이에요.

   마리아 씨는 의사예요? / – 네, 의사예요.

2. ‘예’는 ‘ㄱ, ㅍ, ㅎ’과 함께 쓰이면 보통 [게, 페, 헤]로 발음됩니다.
   When ‘ㄱ, ㅍ, ㅎ’ combine with ‘예’, the resulting syllables are pronounced as [게, 페, 헤].

   예] 시**계**[시게] / **폐**[페] / 지**혜**[지헤]

2. 평가하기

track 13

[1–5] 잘 듣고 의문문에는 ‘?’를, 평서문에는 ‘.’를 쓰세요.

[보기]

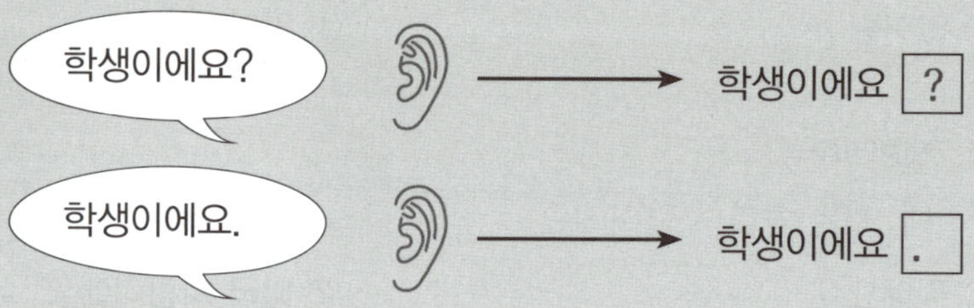

1. 켈리는 호주 사람이에요 ☐
2. 아키라는 회사원이에요 ☐
3. 마이클은 기자예요 ☐
4. 이거는 연필이에요 ☐
5. 우산이 있어요 ☐

[6–10] 잘 듣고 맞는 것에 √ 하세요.

	①	②
[보기] 뭐예요?		√
6. 기자예요		
7. 의사예요		
8. 시계		
9. 계란		
10. 폐		

듣기 Listening

track 14

내 점수 : / 20

[1-3] 잘 듣고 알맞은 것을 고르세요.

1. ( )가 있어요?

① 사 ② 자 ③ 차 ④ 파

2. ( )가 아니에요.

① 아이 ② 오이 ③ 어이 ④ 우이

3. 이거는 ( )예요.

① 의사 ② 의자 ③ 이자 ④ 회사

[4-10] 잘 듣고 알맞은 대답을 고르세요.

4. ① ② ③ ④

5. ① ② ③ ④

6. ① ② ③ ④

7. ① ② ③ ④

8. ① ② ③ ④

9. ① ② ③ ④

10. ① ② ③ ④

[11–13] 여기는 어디입니까? 잘 듣고 알맞은 것을 고르세요.

11.

①

②

③

④

12.

①

②

③

④

13.

①

②

③

④

[14–15] 다음 대화를 듣고 알맞은 그림을 고르세요.

14.

①
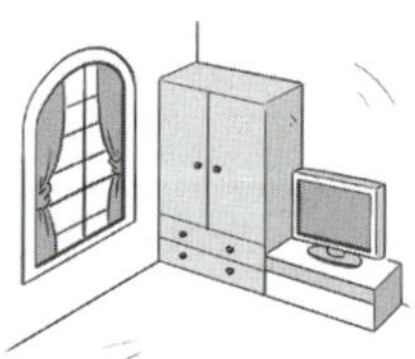

②

③

④

15.

①

②
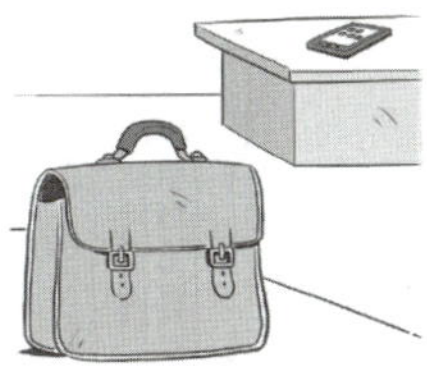

③

④
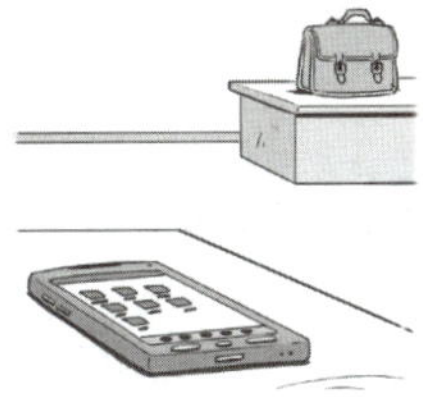

[16-20] 잘 듣고 대화 내용과 같은 것을 고르세요.

16. ① 여자는 회사원입니다.
② 여자는 일본 사람입니다.
③ 남자는 학생이 아닙니다.
④ 남자는 일본 사람이 아닙니다.

17. ① 남자는 영국 사람입니다.
② 남자는 룸메이트가 없습니다.
③ 룸메이트는 여자입니다.
④ 룸메이트는 한국 사람이 아닙니다.

18. ① 남자는 선생님입니다.
② 남자는 미국 사람입니다.
③ 여자는 캐나다 사람입니다.
④ 여자는 영어 선생님입니다.

19. ① 한국신문이 있어요.
② 한국신문이 아니에요.
③ 한국신문하고 잡지가 있어요.
④ 한국신문하고 잡지가 없어요.

20. ① 책이 있어요.
② 가방이 없어요.
③ 책과 휴대폰이 없어요.
④ 사전과 휴대폰이 있어요.

읽기와 쓰기 Reading and Writing

제한 시간 20분　　내 점수 :　　　/ 20

[1–2]　다음을 읽고 관계있는 것을 고르세요.

1. 우산

①

②

③

④

2. 신문

①

②

③

④

[3]　다음을 읽고 맞는 것을 고르세요.

3. 스티븐은 미국 사람이에요. 학생이에요. 여자 친구가 있어요.

룸메이트 이름은 정우예요. 정우는 여자 친구가 없어요.

① 스티븐은 한국 사람이에요.
② 스티븐 룸메이트는 정우예요.
③ 정우는 여자 친구가 있어요.
④ 정우는 스티븐 여자 친구예요.

[4-5] 다음을 읽고 맞지 않는 것을 고르세요.

4.

① 학생입니다.
② 중국 사람입니다.
③ 이름은 샤오밍입니다.
④ 서울대학교 선생님입니다.

5.

① 의자가 없어요.
② 침대가 있어요.
③ 냉장고가 없어요.
④ 텔레비전이 있어요.

[6-7] [보기]와 같이 두 문장을 한 문장으로 만드세요.

[보기]	나나 씨는 중국 사람입니다. 샤오밍 씨는 중국 사람입니다. → 나나 씨와 샤오밍 씨는 중국 사람입니다.

6. 물 주세요. 휴지 주세요.

→ ______________________________.

7. 책이 있어요. 휴대폰이 있어요.

→ ______________________________.

[8-12] 그림을 보고 알맞은 말을 쓰세요.

8.

A : 안녕히 가세요.

B : ______________________.

9.

A : 마리아 씨는 독일 사람입니까?

B : 네, ______________________.

10.

A : ______________________?

B : 이거는 사전이에요.

11.

A : 신문 있어요?

B : ______________________.

12.

A : ______________________.

B : 여기 있어요.

[13-15] 대화를 읽고 알맞은 말을 쓰세요.

13. A : ______________________________?
    B : 아니요, 지연 씨는 학생이 아니에요.
    주부예요.

14. A : 이거는 카메라예요?
    B : ______________________________.
    A : 그럼 뭐예요?
    B : 휴대폰이에요.

15. A : 사과 주스 있어요?
    B : 아니요, 사과 주스는 없어요. 오렌지 주스가 있어요.
    A : 그럼 ___________________________.
    B : 네, 여기 있어요.

[16-20] 다음을 읽고 맞으면 O, 틀리면 X 하세요.

한국어 교실이에요.
시계와 책상과 의자가 있어요.
켈리 씨와 아키라 씨가 있어요.
켈리 씨는 호주 사람이에요. 학생이에요.
아키라 씨는 일본 사람이에요. 회사원이에요.
지금 샤오밍 씨는 없어요.

16. 시계가 있어요. (　　)
17. 책상하고 의자가 없어요. (　　)
18. 켈리 씨가 있어요. (　　)
19. 아키라 씨는 선생님입니다. (　　)
20. 샤오밍 씨는 지금 없어요. (　　)

[21] **질문을 잘 읽고 100~200자로 글을 쓰세요.**

한국어 교실에 누가 있어요? 어느 나라 사람이에요? 반 친구들에 대해 써 보세요.

쓰기 예시

> 한국어 교실이에요. 나나 씨와 줄리앙 씨가 있어요.
> 나나 씨는 중국 사람이에요. 학생이에요.

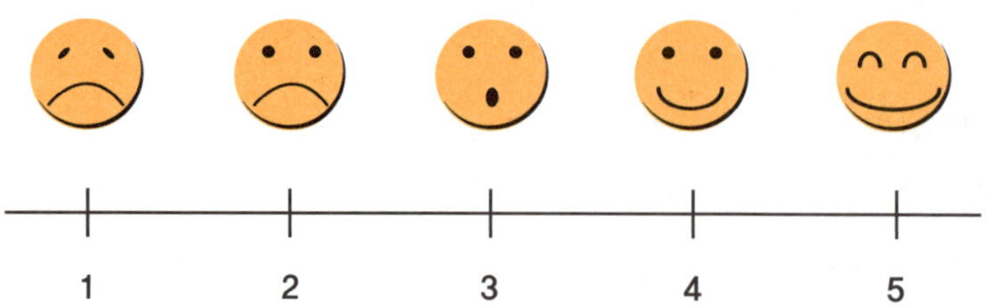

말하기 Speaking

[1] 그림을 보고 이야기를 만들어 보세요.

[2] 친구와 이야기해 보세요.

한국으로 가는 비행기를 탔습니다.
옆 자리에 앉은 승객과 인사하고 자기소개를
해 보세요.

You are on a flight to Korea. Exchange greetings and introduce yourself to the person sitting next to you.

한국으로 가는 비행기를 탔습니다.
옆 자리에 앉은 승객과 인사하고 자기소개를
해 보세요.

You are on a flight to Korea. Exchange greetings and introduce yourself to the person sitting next to you.

Memo

3 한국어를 공부해요
I study Korean

어 휘
- 동사 1
  Verb 1
- 장소 1
  Place 1

문법과 표현
- V-아요/어요
- N을/를
- N에서
- 안 V

문형 연습

어 휘 Vocabulary

연 습 1 알맞은 것을 연결하세요.
Match each picture with the correct word.

1)  • ① 마시다

2)  • ② 만나다

3)  • ③ 먹다

4)  • ④ 읽다

5)  • ⑤ 사다

6)  • ⑥ 자다

7)  • ⑦ 보다

8)  • ⑧ 배우다

연 습 2 그림을 보고 [보기]와 같이 문장을 완성하세요.

Look at the pictures and complete the sentences as shown in the example.

[보기]

나나 씨는 ___전화___해요.*

1)

샤오밍 씨는 ________________해요.

2)

아키라 씨는 ________________해요.

3)

켈리 씨는 ________________해요.

연 습 3 빈칸에 알맞은 단어를 쓰세요.

Write the correct name of the place under each picture.

1)

2)

3)

4)

5)

6)

*전화하다 to telephone

문법과 표현 Grammar and Expression

1. V-아요/어요

연 습 1 다음과 같이 쓰세요.

Complete the table with the correct form of the verbs.

ㅏ, ㅗ	-아요	
만나다	만나요	만나다 + -아요 ⇒ 만나요
사다		
자다		
보다		
앉다*		
하다	**해요**	
공부하다		하다 ⇒ 해요
일하다		
운동하다		
ㅓ, ㅜ, ㅣ …	**-어요**	
먹다	먹어요	먹다 + -어요 ⇒ 먹어요
읽다		
마시다		
가르치다*		
배우다		

앉다 to sit down 가르치다 to teach

연 습 2 그림을 보고 [보기]와 같이 대화를 완성하세요.

Look at the pictures and complete the dialogues as shown in the example.

[보기]

A : 지금 뭐 해요?

B : 시계를 ___사요___.

1)

A : 지금 뭐 해요?

B : 책을 ________________.

2)

A : 지금 뭐 해요?

B : 주스를 ________________.

3)

A : 지금 뭐 해요?

B : 텔레비전을 ________________.

4)

A : 지금 뭐 해요?

B : 친구를 ________________.

5)

A : 지금 뭐 해요?

B : 빵*을 ________________.

6)

A : 지금 뭐 해요?

B : 태권도를 ________________.

빵 bread

2. N을/를

연 습 1 알맞은 것을 고르세요.
Circle the correct particle.

1) 저는 커피(을 / 를) 마셔요.
2) 스티븐은 밥(을 / 를) 먹어요.
3) 저는 책(을 / 를) 읽어요.
4) 마리코는 한국어(을 / 를) 배워요.
5) 저는 모자(을 / 를) 사요.
6) 정우는 텔레비전(을 / 를) 봐요.

연 습 2 그림을 보고 [보기]와 같이 문장을 완성하세요.
Look at the pictures and complete the sentences as shown in the example.

[보기]

저는 콜라를 마셔요.

1)

저는 ______________ 사요.

2)

저는 ______________ 읽어요.

3)

저는 ______________ 만나요.

4)

저는 ______________ 먹어요.

5)

저는 ______________ 배워요.

연 습 3 그림을 보고 [보기]와 같이 대화를 완성하세요.

Look at the pictures and complete the dialogues as shown in the example.

[보기]

A : 스티븐은 커피를 마셔요.

정우는 뭐를 마셔요?

B : 정우는 주스를 마셔요.

1)

A : 스티븐은 ____________________.

유진은 뭐를 ____________________?

B : 유진은 ____________________.

2)

A : 유진은 ____________________.

정우는 뭐를 ____________________?

B : 정우는 ____________________.

3)

A : 아키라는 ____________________.

민수는 뭐를 ____________________?

B : 민수는 ____________________.

4)

A : 마리코는 ____________________.

나나는 뭐를 ____________________?

B : 나나는 ____________________.

5)

A : 줄리앙은 ____________________.

히엔은 뭐를 ____________________?

B : 히엔은 ____________________.

3. N에서

연습 1 알맞은 말을 쓰세요.
Fill in the blanks with the correct particle.

1) 극장 에서 영화를 봐요.

2) 회사__________ 일해요.

3) 백화점__________ 옷을 사요.

4) 커피숍__________ 커피를 마셔요.

5) 학교__________ 친구를 만나요.

연습 2 그림을 보고 [보기]와 같이 문장을 완성하세요.
Look at the pictures and complete the sentences as shown in the example.

[보기]

스티븐은 공원에서 운동해요.

1)

민수는 ____________________.

2)

정우는 ____________________.

3)

나나는 ____________________.

4)

줄리앙은 ____________________.

연 습 3 그림을 보고 [보기]와 같이 대화를 완성하세요.

Look at the pictures and complete the dialogues as shown in the example.

[보기]

A : 어디에서 한국어를 배워요?

B : 서울대학교에서 한국어를 배워요.

1)

남대문시장

A : 어디에서 ______________________?

B : ______________________

2)

보라매 공원

A : 어디에서 ______________________?

B : ______________________

3)

시네마 극장

A : 어디에서 ______________________?

B : ______________________

4)

강남역

A : 어디에서 ______________________?

B : ______________________

연 습 4 알맞은 것을 골라 문장을 완성하세요.

Complete the sentences using the correct particle from the box.

은	는	을	를	에서

1) 저 는 미국 사람이에요.

2) 나나________ 학생이에요.

3) 한국 신문________ 읽어요?

4) 어디________ 친구________ 만나요?

5) 스티븐________ 학생 식당________ 밥________ 먹어요.

4. 안 V

연 습 1 다음과 같이 쓰세요.

Complete the table with the correct negated verb form.

만나다	안 만나요	먹다		공부하다	
사다		배우다	안 배워요	운동하다	
보다		마시다		일하다	일 안 해요
자다		읽다		전화하다	

연 습 2 그림을 보고 [보기]와 같이 문장을 완성하세요.

Look at the pictures and complete the sentences as shown in the example.

[보기]

나나 씨는 운동해요.

정우 씨는 운동 안 해요.

1)

나나 씨는 공부해요.

정우 씨는 ______________________.

2)

나나 씨는 커피를 마셔요.

정우 씨는 ______________________.

3)

나나 씨는 아르바이트해요.

정우 씨는 ______________________.

4)

나나 씨는______________________.

정우 씨는 ______________________.

연 습 3 그림을 보고 [보기]와 같이 대화를 완성하세요.

Look at the pictures and complete the dialogues as shown in the example.

[보기]

A : 운동해요?

B : 아니요, 운동 안 해요.

쉬어요.

1)

A : 책을 읽어요?

B : 아니요, ______________________.

______________________.

2)

A : 공부해요?

B : 아니요, ______________________.

______________________.

3)

A : 영어를 배워요?

B : 아니요, ______________________.

______________________.

4)

A : 극장에서 영화를 봐요?

B : 아니요, ______________________.

______________________.

연 습 4 '안'을 써서 싫어하는 음식을 이야기해 보세요.

Using '안' negation, talk about food that you don't like.

김치 Korean pickled vegetables

문형 연습 Pattern Practice

track 15

연 습 1

[보기] **선생님** (T) 밥, 먹다
학 생 (S) 밥을 먹어요.

1. T 친구, 만나다
   S ____________________.
2. T 한국어, 공부하다
   S ____________________.
3. T 책, 읽다
   S ____________________.
4. T 커피, 마시다
   S ____________________.

연 습 2

[보기] **선생님** (T) 뭐를 읽어요?
학 생 (S) (신문) 신문을 읽어요.

1. T 뭐를 사요?
   S (가방) ____________________.
2. T 뭐를 봐요?
   S (텔레비전) ____________________.
3. T 뭐를 먹어요?
   S (빵) ____________________.
4. T 뭐를 마셔요?
   S (우유) ____________________.

연 습 3

> [보기]　**선생님** (T)　어디에서 한국어를 배워요?
> 　　　　**학　생** (S)　(학교) 학교에서 한국어를 배워요.

1. T　어디에서 옷을 사요?
   S　(시장) ______________________________.
2. T　어디에서 영화를 봐요?
   S　(극장) ______________________________.
3. T　어디에서 책을 읽어요?
   S　(도서관) ______________________________.
4. T　어디에서 커피를 마셔요?
   S　(커피숍) ______________________________.

연 습 4

> [보기]　**선생님** (T)　커피를 마셔요?
> 　　　　**학　생** (S)　아니요, 안 마셔요.

1. T　친구를 만나요?
   S　______________________________.
2. T　신문을 사요?
   S　______________________________.
3. T　태권도를 배워요?
   S　______________________________.
4. T　운동해요?
   S　______________________________.

4 어디에 있어요?

Where is it?

어 휘

- 장소 2
  Place 2
- 위치
  Location

문법과 표현

- 여기가 N이에요/예요
- N에 있어요[없어요]
- N에 가요[와요]
- N 앞[뒤, 옆]

문형 연습

어 휘 Vocabulary

연 습 1 빈칸에 알맞은 단어를 쓰세요.
Write the correct word under each picture.

앞					

연 습 2 빈칸에 알맞은 단어를 쓰세요.
Complete the sentences with the correct word.

크리스 나나 줄리앙 마리코

1) 텔레비전은 책상 ________에 있어요.
2) 줄리앙은 마리코 ________에 있어요.
3) 지도는 문* ________에 있어요.
4) 우산은 가방 ________에 있어요.
5) 휴지통*은 책상 ________에 있어요.
6) 칠판*은 선생님 ________에 있어요.
7) 선생님은 줄리앙 ________에 있어요.

문 door 휴지통 trash can 칠판 blackboard

연 습 3 빈칸에 알맞은 단어를 쓰세요.

Complete the crossword puzzle using the pictures below.

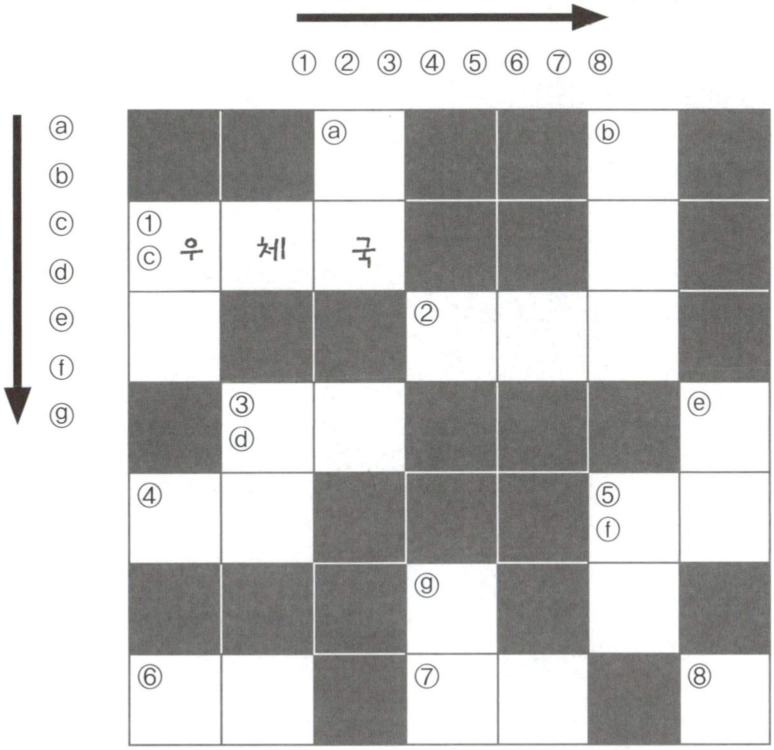

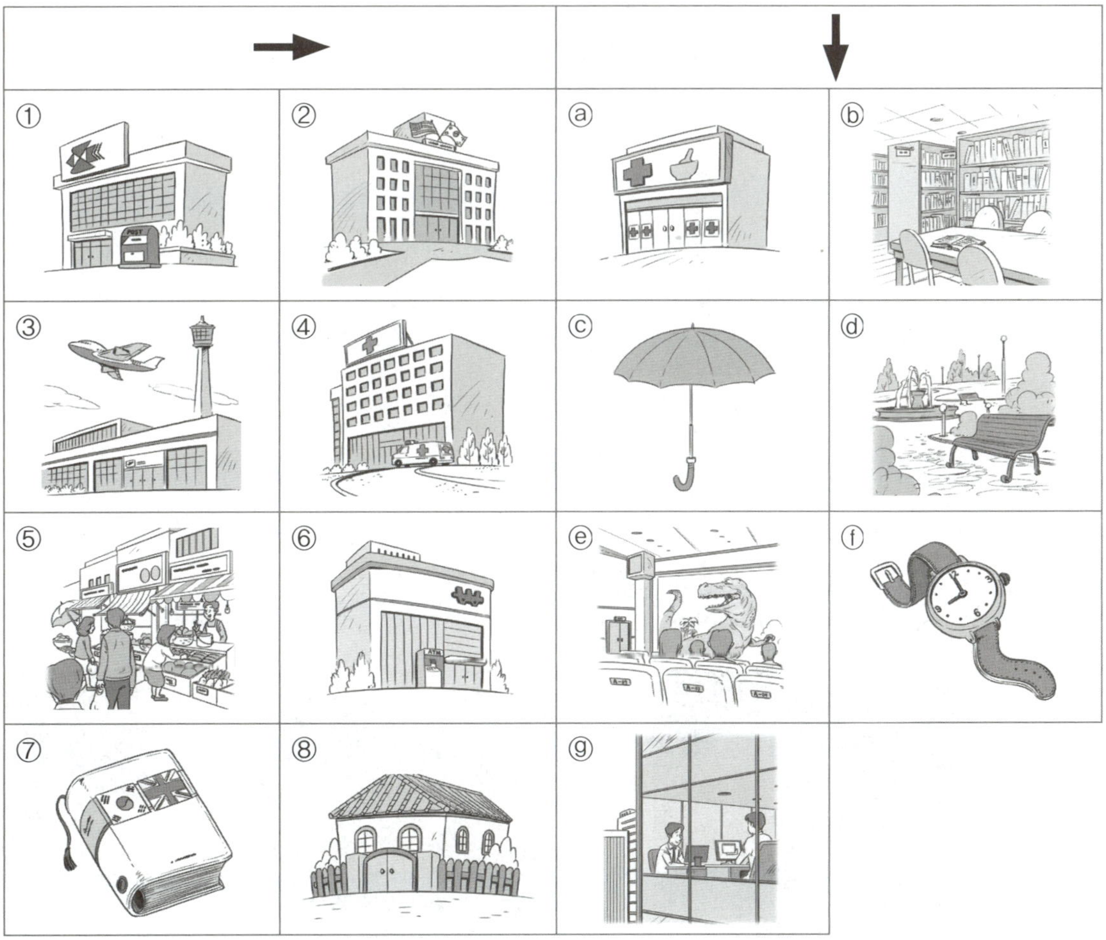

문법과 표현 Grammar and Expression

1. 여기가 N이에요/예요

연 습 1 알맞은 것을 연결하세요.
Match each picture with either '이에요' or '예요'.

여기가

1)  공항 • → • 이에요

2)  •

3)  •

4)  •

5)  •

6)  •

• 이에요

• 예요

연 습 2 '여기가 N이에요/예요'를 사용해서 이야기해 보세요.
Make sentences using '여기가 N이에요/예요'.

N서울타워

청계천

인사동

연 습 3 그림을 보고 [보기]와 같이 대화를 완성하세요.

Look at the picture and answer each question as shown in the example.

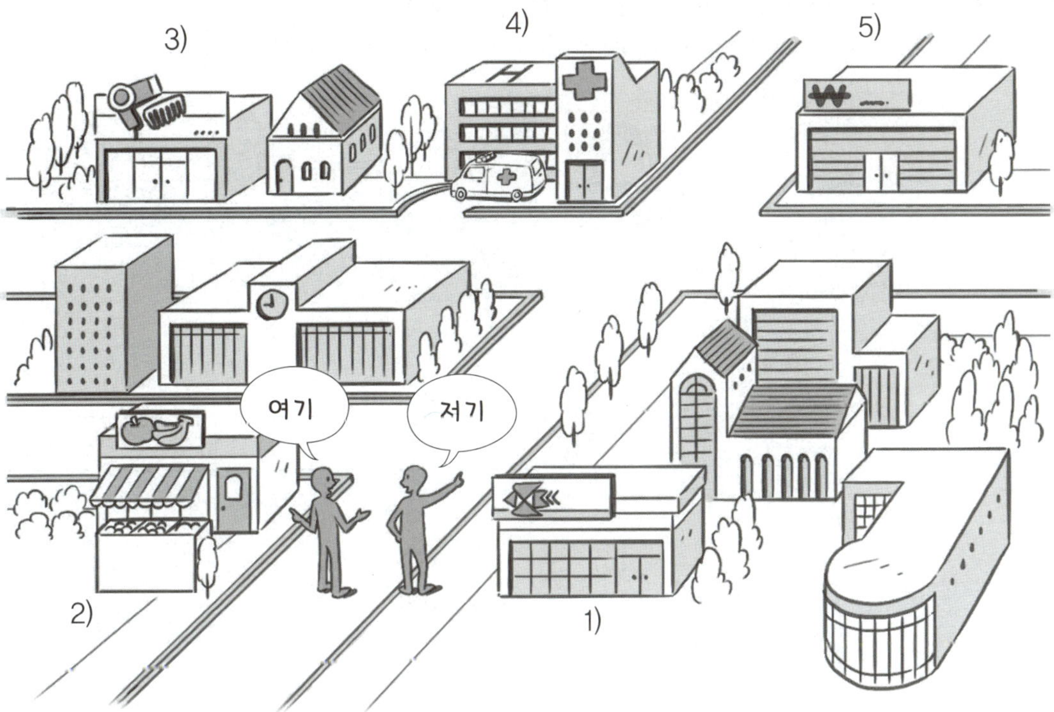

[보기]	A : 여기가 백화점이에요? B : 네, 백화점이에요.	A : 저기가 백화점이에요? B : 아니요, 회사예요.

1) A : 여기가 우체국이에요?

B : ________________________________.

2) A : 여기가 은행이에요?

B : ________________________________.

3) A : 저기가 미용실이에요?

B : ________________________________.

4) A : 저기가 약국이에요?

B : ________________________________.

5) A : 저기가 회사예요?

B : ________________________________.

2. N에 있어요[없어요]

연 습 1 그림을 보고 [보기]와 같이 대화를 완성하세요.

Look at the pictures and completes the dialogues as shown in the example.

[보기]

A : 유진 씨가 어디에 있어요?

B : 교실에 있어요.

1)

A : 스티븐 씨가 ______________________?

B : ______________________.

2)

A : 줄리앙 씨가 ______________________?

B : ______________________.

3)

A : 정우 씨가 ______________________?

B : ______________________.

4)

A : 마리코 씨가 ______________________?

B : 네, ______________________.

5)

A : 켈리 씨가 ______________________?

B : 아니요, ______________________.

6)

A : 히엔 씨가 ______________________?

B : 아니요, ______________________.

7)

A : 민수 씨가 ______________________?

B : 아니요, ______________________.

연 습 2 그림을 보고 [보기]와 같이 대화를 완성하세요.

Look at the pictures and complete the dialogues as shown in the example.

[보기]

A : 남산에 뭐가 있어요?

B : (N서울타워) 남산에는 N서울타워가 있어요.

1)

A : 명동에 뭐가 있어요?

B : (백화점) ______________________.

2)

A : N서울타워에 뭐가 있어요?

B : (식당) ______________________.

3)

A : 인사동에 뭐가 있어요?

B : (가게하고 찻집) ______________________.

4)

A : 대학로에 뭐가 있어요?

B : (공원하고 극장) ______________________.

연 습 3 알맞은 것을 고르세요.

Circle the correct ending.

1) 저는 히엔(이에요 / 있어요). 학생(이에요 / 있어요).

2) 청계천이 서울*에 (이에요 / 있어요).

3) 학교에 도서관하고 식당이 (이에요 / 있어요).

4) 여기가 식당(이에요 / 있어요).

5) 아키라 씨는 회사에 (이에요 / 있어요). 회사에서 일해요.

---

* 서울 the capital of South Korea

3. N에 가요[와요]

연 습 1 '가요'와 '와요' 중에서 알맞은 것을 쓰세요.
Complete the sentences using either '가요' or '와요.'

1)

유진 씨는 집에 ________________.

2)

유진 씨는 학교에 ________________.

3)

저는 회사에 ________________.

4)

여기는 도서관이에요.
저는 매일* 도서관에 ________________.

연 습 2 그림을 보고 [보기]와 같이 이야기해 보세요.
Ask each other where these people are going as shown in the example.

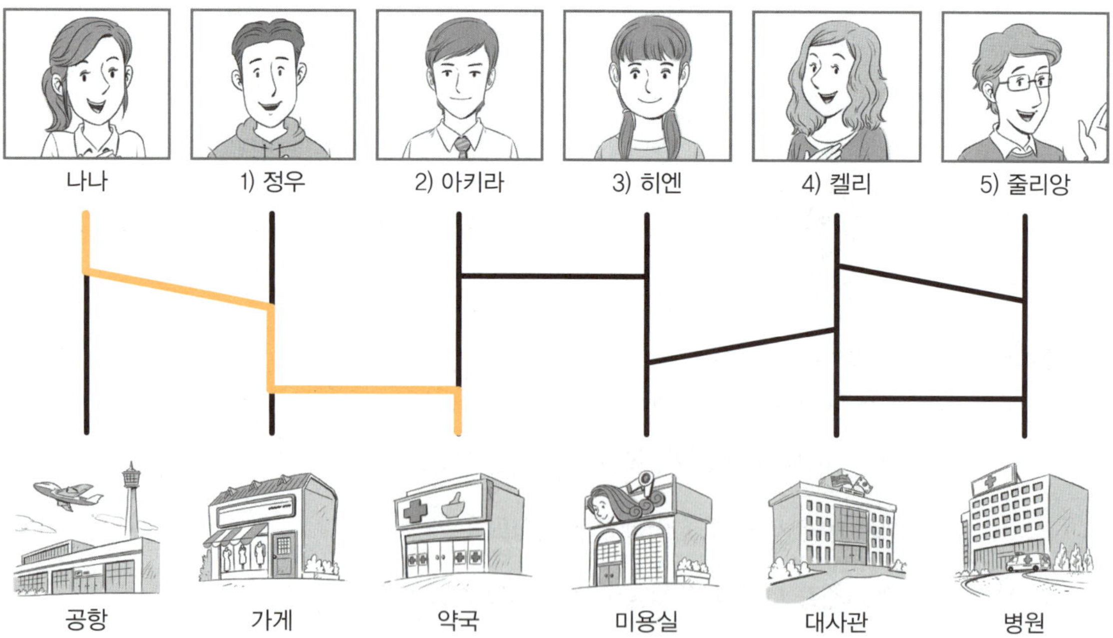

[보기]

나나 씨는 어디에 가요?

약국에 가요.

* 매일 every day

연 습 3 그림을 보고 [보기]와 같이 대화를 완성하세요.

Look at the pictures and complete the dialogues as shown in the example.

[보기]

A : 도서관에 가요?

B : 아니요, 도서관에 안 가요.

식당에 가요.

1)

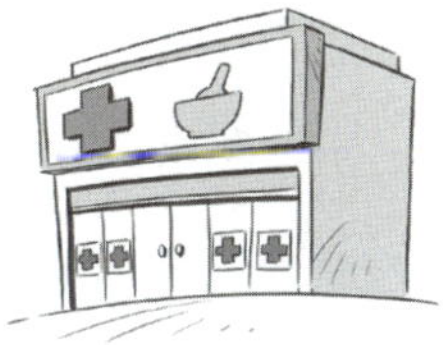

A : 병원에 가요?

B : 아니요, ______________________.

______________________.

2)

A : 우체국에 가요?

B : 아니요, ______________________.

______________________.

3)

A : 백화점에 가요?

B : 아니요, ______________________.

______________________.

4)

A : 공항에 가요?

B : 아니요, ______________________.

______________________.

연 습 4 '에' 또는 '에서' 중 알맞은 것을 쓰세요.

Complete the sentences using either '에' or '에서.'

1) 저는 미국__________ 가요.

2) 니니 씨는 식당__________ 밥을 먹어요.

3) 지연 씨는 집__________ 와요.

4) 정우 씨는 공원__________ 운동해요.

5) 스티븐 씨는 미용실__________ 가요.

6) 아키라 씨는 도서관__________ 책을 읽어요.

4. N 앞[뒤, 옆]

연 습 1 알맞은 것을 연결하세요.

Match each picture with the correct description.

1)  •

2)  •

3)  •

4)  •

• ① 집 앞에 있어요.

• ② 집 뒤에 있어요.

• ③ 집 옆에 있어요.

연 습 2 그림을 보고 [보기]와 같이 대화를 완성하세요.

Look at the pictures and complete the dialogues as shown in the example.

[보기]

A : 우체국이 어디에 있어요?

B : 은행 앞에 있어요.

1) 

A : 약국이 어디에 있어요?

B : ______________________.

2) 

A : 학생 식당이 어디에 있어요?

B : ______________________.

3) 

A : 커피숍이 어디에 있어요?

B : ______________________.

4) 

A : 미용실이 어디에 있어요?

B : ______________________.

연 습 3 그림을 보고 [보기]와 같이 대화를 완성하세요.

Look at the pictures and complete the dialogues as shown in the example.

[보기]

A : 백화점 옆에 뭐가 있어요?

B : 백화점 옆에는 병원이 있어요.

1)

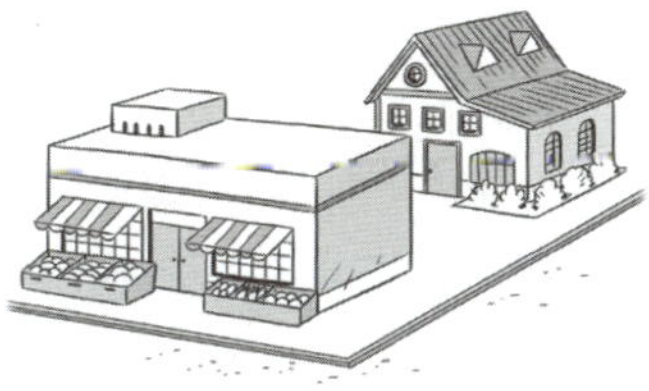

A : 집 ____________________?

B : ____________________.

2)

A : 공원 ____________________?

B : ____________________.

3)

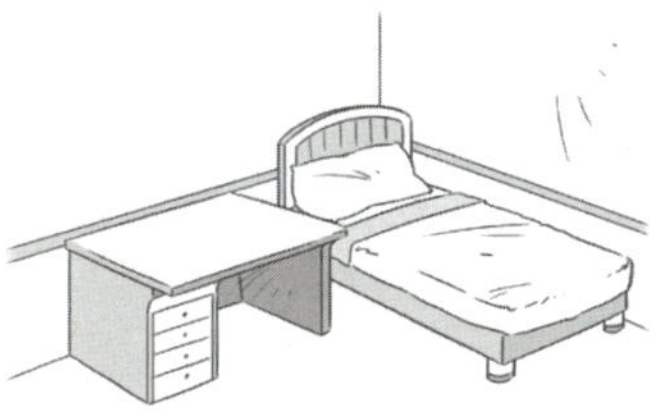

A : 책상 ____________________?

B : ____________________.

4)

A : 침대 ____________________?

B : ____________________.

연 습 4 우리 교실에는 뭐가 있어요? 어디에 있어요? 이야기해 보세요.

What is in the classroom? Where is it located? Ask each other and respond.

우리 교실에는 컴퓨터가 있어요.

컴퓨터가 어디에 있어요?

선생님 책상 위에 있어요.

문형 연습 Pattern Practice

track 16

연 습 1

[보기] **선생님** (T) 여기가 청계천이에요?
학　생 (S) 네, 여기가 청계천이에요.

1. T 여기가 서울대학교예요?
   S ______________________________.
2. T 여기가 명동이에요?
   S ______________________________.
3. T 여기가 대학로예요?
   S ______________________________.
4. T 여기가 인사동이에요?
   S ______________________________.

연 습 2

[보기] **선생님** (T) 스티븐이 교실에 있어요?
학　생 (S) (네) 네, 교실에 있어요.
(아니요) 아니요, 교실에 없어요.

1. T 마리코가 집에 있어요?
   S (네) ______________________________.
2. T 줄리앙이 학교에 있어요?
   S (아니요) ______________________________.
3. T 아키라가 회사에 있어요?
   S (네) ______________________________.
4. T 히엔이 한국에 있어요?
   S (아니요) ______________________________.

연습 3

> **[보기]** **선생님** (T) 어디에 가요?
> **학 생** (S) (식당) 식당에 가요.

1. T 어디에 가요?
   S (은행) ______________________.
2. T 어디에 가요?
   S (병원) ______________________.
3. T 어디에 가요?
   S (가게) ______________________.
4. T 어디에 가요?
   S (미용실) ______________________.

연습 4

> **[보기]** **선생님** (T) 식당이 어디에 있어요?
> **학 생** (S) (회사 앞) 회사 앞에 있어요.

1. T 은행이 어디에 있어요?
   S (우체국 앞) ______________________.
2. T 병원이 어디에 있어요?
   S (백화점 옆) ______________________.
3. T 미용실이 어디에 있어요?
   S (극장 뒤) ______________________.
4. T 가게가 어디에 있어요?
   S (공원 옆) ______________________.

복습 2

어휘와 문법 Vocabulary and Grammar

1. 정리하기

어휘

3과	공부하다 밥을 먹다 숙제를 하다 영화를 보다 옷을 사다 운동하다	일하다 자다 책을 읽다 친구를 만나다 커피를 마시다 태권도를 배우다	공원 극장 도서관 백화점 시장 식당	집 커피숍 학교 회사
4과	가게 공항 대사관 미용실 병원 약국	우체국 은행	뒤 밑 / 아래 안 앞 옆 위	

문법

3과	V-아요/어요	뭐 **해요**? – 공부**해요**.
	N을/를	유진 씨는 친구**를** 만나요.
	N에서	어디**에서** 밥을 먹어요? – 집**에서** 밥을 먹어요.
	안 V	태권도를 배워요? – 아니요, **안** 배워요.
4과	여기가 N이에요/예요	**여기가** 어디**예요**? – 여기는 명동**이에요**.
	N에 있어요[없어요]	스티븐은 어디**에 있어요**? – 도서관**에 있어요**.
	N에 가요[와요]	어디**에 가요**? – 식당**에 가요**.
	N 앞[뒤, 옆]	식당이 어디에 있어요? – 은행 **옆**에 있어요.

2. 확인하기

알아보기

샤오밍 **은** 중국 사람이에요.

켈리 **는** 미국 사람 **이** 아니에요.

아키라 **는** 회사 **에** 가요.

나나 **는** 책 **을** 읽어요.

스티븐 **은** 집 **에서** 커피 **를** 마셔요.

연습

알맞은 것을 골라 문장을 완성하세요.

은	는	이	가	을	를	에	에서

1. 저___는___ 미국 사람이에요.
2. 집_______ 와요.
3. 저거는 잡지_______ 아닙니다.
4. 멍동_______ 옷_______ 사요.
5. 줄리앙_______ 프랑스 대사관_______ 가요.
6. 어디_______ 태권도_______ 배워요?
7. 켈리_______ 학교_______ 영어_______ 가르쳐요.
8. 스티븐_______ 극장 앞_______ 친구_______ 만나요.

3. 평가하기

제한 시간 15분 | 내 점수 : / 20

[1–5] 그림을 보고 ( )에 알맞은 것을 고르세요.

1. A : 지금 뭐 해요?
   B : 빵을 ( ).

① 마셔요
② 먹어요
③ 만나요
④ 공부해요

2. A : 지금 뭐 해요?
   B : ( )을/를 봐요.

① 책
② 영어
③ 영화
④ 텔레비전

3. A : 지금 뭐 해요?
   B : ( )에서 사과를 사요.

① 식당
② 시장
③ 회사
④ 은행

4. A : 어디에 가요?
   B : ( )에 가요.

① 공원
② 공항
③ 우체국
④ 대사관

5. A : 여자 친구 사진이 있어요?
B : 네, 제 지갑 ( )에 있어요.

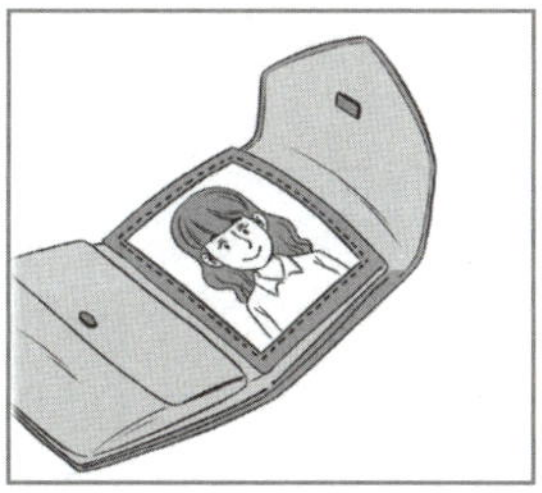

① 위
② 옆
③ 안
④ 아래

[6-10] ( )에 알맞은 것을 고르세요.

6. 줄리앙은 태권도( ) 배워요.
① 은 ② 는 ③ 을 ④ 를

7. 아키라는 회사( ) 가요.
① 에 ② 에서 ③ 과 ④ 와

8. 여기( ) 서울대학교입니다.
① 을 ② 를 ③ 이 ④ 가

9. 우산은 책상 위( ) 있어요.
① 은 ② 는 ③ 에 ④ 에서

10. 나나는 공원( ) 친구를 만나요.
① 에 ② 와 ③ 에서 ④ 하고

[11-12] 밑줄 친 부분이 <u>틀린</u> 것을 고르세요.

11. ① 마리코는 <u>도서관에</u> 가요.
② 마리코는 <u>도서관에</u> 있어요.
③ 마리코는 <u>도서관에</u> 안 와요.
④ 마리코는 <u>도서관에</u> 공부해요.

12. ① 영어를 <u>안 배워요</u>.
② 김치를 <u>안 먹어요</u>.
③ 친구를 <u>안 만나요</u>.
④ 한국어를 <u>안 공부해요</u>.

[13-14] 다음을 읽고 물음에 답하세요.

> A : 지금 어디에 있어요?
> B : 커피숍에 있어요.
> A : 커피를 (㉠)?
> B : 아니요, 아르바이트해요.
> A : (㉡) 아르바이트해요?
> B : 학교 앞에서 해요.

13. ㉠에 알맞은 것을 고르세요.
① 봐요 ② 마셔요 ③ 구경해요 ④ 쇼핑해요

14. ㉡에 알맞은 것을 고르세요.
① 뭐 ② 뭐가 ③ 어디에 ④ 어디에서

[15-16] 다음을 읽고 물음에 답하세요.

> A : 마리 씨, 오늘 뭐 해요?
> B : 남자 친구를 만나요.
> A : 남자 친구가 한국에 있어요?
> B : 네, 한국 회사(㉠) 일해요.
> A : 한국 사람이에요?
> B : 아니요, (㉡).

15. ㉠에 알맞은 것을 고르세요.
① 는 ② 가 ③ 에 ④ 에서

16. ㉡에 알맞은 것을 고르세요.
   ① 한국에 없어요
   ② 한국에 안 가요
   ③ 프랑스 사람이에요
   ④ 회사원이 아니에요

[17-20] (　　　　)에 알맞은 것을 고르세요.

17. A : 지금 뭐 해요?
   B : 태권도를 (　　　　　　　　).
   ① 사요　　② 읽어요
   ③ 만나요　　④ 배워요

18. A : 고기를 먹어요?
   B : 아니요, (　　　　　　　　).
   ① 없어요　　② 안 먹어요
   ③ 시장에 안 가요　　④ 고기가 아니에요

19. A : 켈리 씨는 (　　　　　　　　)?
   B : 기숙사에 있어요.
   ① 기숙사예요　　② 어디에 가요
   ③ 어디에 있어요　　④ 어디에서 공부해요

20. A : 우체국에 가요?
   B : (　　　　　　　　).
   ① 네, 우체국에 가요　　② 네, 우체국에 와요
   ③ 아니요, 은행 옆에 있어요　　④ 네, 한국에 우체국이 있어요

발음 Pronunciation

1. 정리하기

1. 받침은 뒤 음절이 모음으로 시작하면 그 음절의 첫소리로 발음됩니다.
   When a final consonant is followed by a vowel, the sound of the final consonant shifts to the initial position (ㅇ position) in the next syllable, and is pronounced as the initial sound of that syllable.

   예] 밥**을**[바블] / 우산**이**[우사니] / 읽**어**요[일거요]

2. 받침 'ㄱ' 뒤에 오는 'ㄱ, ㄷ, ㅂ, ㅅ, ㅈ'은 [ㄲ, ㄸ, ㅃ, ㅆ, ㅉ]으로 발음됩니다.
   When 'ㄱ, ㄷ, ㅂ, ㅅ, ㅈ' are positioned after the final consonant 'ㄱ', they are pronounced as [ㄲ, ㄸ, ㅃ, ㅆ, ㅉ].

   예] 약**국**[약꾹] / 식**당**[식땅] / 책**방**[책빵] / 학**생**[학쌩] / 극**장**[극짱]

2. 평가하기

track 17

[1–6] 잘 듣고 맞는 것에 √ 하세요.

	①	②
[보기] 선생님이에요	√	
1. 독일		
2. 일본어		
3. 있어요		
4. 먹어요		
5. 옷을		
6. 집에서		

[7–12] 잘 듣고 맞는 것에 √ 하세요.

	①	②
[보기] 학생		√
7. 식당		
8. 학교		
9. 약국		
10. 책상		
11. 한국 사람		
12. 숙제해요		

듣기 Listening

track 18 내 점수 : / 20

[1–3] 잘 듣고 알맞은 것을 고르세요.

1. ( )이에요.

① 시장 ② 식당 ③ 신당 ④ 식탁

2. 스티븐은 ( ).

① 가요 ② 사요 ③ 자요 ④ 차요

3. ( )에 가요.

① 강남 ② 공원 ③ 교회 ④ 공항

[4–8] 잘 듣고 알맞은 대답을 고르세요.

4. ① ② ③ ④

5. ① ② ③ ④

6. ① ② ③ ④

7. ① ② ③ ④

8. ① ② ③ ④

[9–12] 여기는 어디입니까? 잘 듣고 알맞은 것을 고르세요.

9. ① 병원 ② 약국 ③ 대사관 ④ 커피숍

10. ① 집 ② 교실 ③ 극장 ④ 도서관

11. ① 서점 ② 시장 ③ 도서관 ④ 미용실

12. ① 공항 ② 은행 ③ 백화점 ④ 우체국

[13–15] 다음 대화를 듣고 알맞은 그림을 고르세요.

13.

①

②

③

④

14.

①

②

③

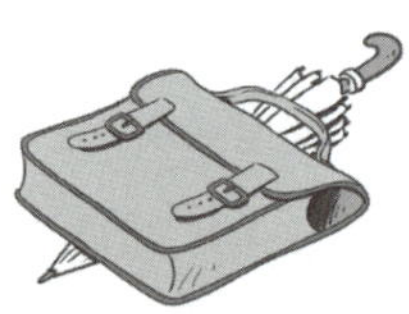

④

15.

①

②

③

④

[16-20] 잘 듣고 대화 내용과 같은 것을 고르세요.

16. ① 여자는 오늘 극장에 가요.
② 여자는 한국 영화를 봐요.
③ 남자는 집에서 영화를 봐요.
④ 남자는 프랑스 영화를 봐요.

17. ① 여자는 휴대폰을 사요.
② 여자는 지금 전화를 해요.
③ 여기에는 카메라가 없어요.
④ 카메라는 컴퓨터 가게 앞에 있어요.

18. ① 여자는 태권도를 배워요.
② 여자는 오늘 커피숍에 가요.
③ 남자는 오늘 아르바이트를 해요.
④ 남자와 여자는 지금 커피숍에 있어요.

19. ① 친구는 회사원이에요.
② 친구는 한국에서 일해요.
③ 남자는 오늘 중국에 가요.
④ 남자는 지금 공항에 있어요.

20. ① 남자는 매일 집에서 운동해요.
② 여자는 매일 공원에서 운동해요.
③ 공원은 남자 집 뒤에 있어요.
④ 남자하고 여자는 지금 공원에 있어요.

읽기와 쓰기 Reading and Writing

제한 시간 15분 　 내 점수 : / 20

[1–3] (　　)에 들어갈 가장 알맞은 것을 고르세요.

1. (　　　)에 가요. (　　　)에서 옷을 사요.

① 극장　② 시장　③ 미용실　④ 커피숍

2. (　　　)에 가요. (　　　)에서 운동해요.

① 가게　② 공원　③ 대사관　④ 우체국

3. 커피숍에서 친구를 만나요. 친구하고 저는 커피를 (　　　).

① 봐요　② 마셔요　③ 배워요　④ 읽어요

[4] 무엇에 대한 이야기입니까? 알맞은 것을 고르세요.

4. 저는 한국어를 배워요. 제 한국 친구는 영어를 배워요.

① 공부　② 나라　③ 이름　④ 학교

[5–6] 다음을 읽고 맞지 않는 것을 고르세요.

5.

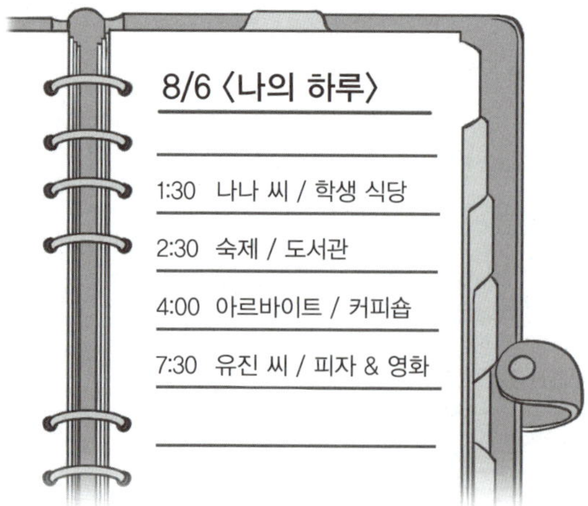

① 이 사람은 나나를 만나요.

② 이 사람은 집에서 숙제 안 해요.

③ 이 사람은 커피숍에서 일 안 해요.

④ 이 사람과 유진은 피자를 먹어요.

6.

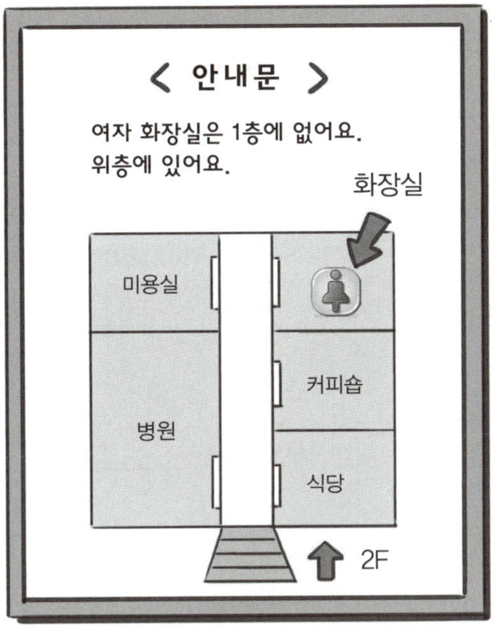

① 여자 화장실은 2층에 없어요.

② 병원은 식당 앞에 있어요.

③ 여자 화장실은 미용실 앞에 있어요.

④ 커피숍은 여자 화장실 옆에 있어요.

[7–10] [보기]와 같이 순서에 맞게 문장을 만드세요.

[보기] 아닙니다, 학생, 나는, 이 → 나는 학생이 아닙니다.

7. 안, 백화점, 을, 에서, 사요, 옷, 유진 씨는

→ ______________________________.

8. 가게, 와, 스티븐은, 가요, 에, 은행

→ ______________________________.

9. 에, 가방은, 없어요, 아래, 의자

→ ______________________________.

10. 컴퓨터, 방에는, 가, 있어요, 텔레비전, 과

→ ______________________________.

[11-12] 그림을 보고 알맞은 말을 쓰세요.

11.

켈리는 ______________________.

12.

샤오밍은 ______________________.

[13-16] 대화를 읽고 알맞은 말을 쓰세요.

13. A : ______________________?

B : 네, 여기가 인사동이에요.

14. A : 오렌지 주스를 마셔요?

B : 아니요, ______________________.

사과 주스를 마셔요.

15. A : 오늘 뭐 해요?

B : 태권도를 배워요.

A : ______________________?

B : 학교에서 배워요.

16. A : 아키라 씨, 어디에 가요?

B : 회사에 가요.

A : ______________________?

B : 명동에 있어요.

[17-20] 다음을 읽고 맞으면 O, 틀리면 X 하세요.

저는 오늘 명동에 가요. 명동에는 백화점이 있어요. 저는 백화점 앞에서 친구를 만나요. 친구와 저는 백화점에서 구경을 해요. 그리고 옷을 사요.

명동에는 식당과 극장이 있어요. 오늘 저는 식당에서 불고기를 먹어요. 식당 옆에 극장이 있어요. 친구와 저는 극장에서 한국 영화를 봐요.

17. 명동에서 친구를 만나요. ( )
18. 친구는 쇼핑을 안 해요. ( )
19. 식당은 극장 옆에 있어요. ( )
20. 친구와 나는 명동에서 영화를 봐요. ( )

[21] **질문을 잘 읽고 100~200자로 글을 쓰세요.**

오늘 어디에 가요? 거기에 뭐가 있어요? 거기에서 뭐를 해요? 쓰세요.

쓰기 예시

> 저는 오늘 명동에 가요. 명동에는 백화점이 있어요. 저는 백화점 앞에서 친구를 만나요. 친구와 저는 백화점에서…….

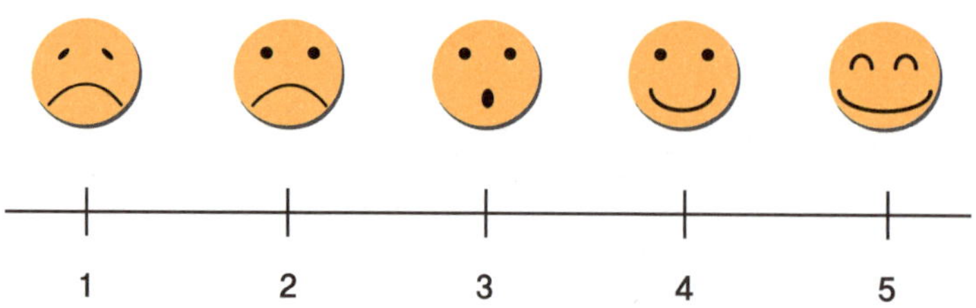

말하기 Speaking

[1] 그림을 보고 이야기를 만들어 보세요.

[2] 친구와 이야기해 보세요.

여행 가이드입니다.
손님에게 여러분 나라의 유명한 곳을 소개해 보세요.

You are a tour guide. Introduce famous places in your country to a group of tourists.

여행을 왔습니다.
가이드에게 궁금한 것을 물어보세요.

You are traveling. Ask the tour guide some questions.

여기가 어디예요?

여기는…….

Memo

5 주말에 친구를 만났어요
I met my friend over the weekend

어 휘

- 숫자 1
  Numbers 1
- 요일
  Days of the week

문법과 표현

- 날짜와 요일
- N에
- V–았/었–
- V–고

문형 연습

어 휘 Vocabulary

연 습 1

숫자를 읽고 써 보세요.
Read and write the following numbers.

Sunday	Monday	Tuesday	Wednesday	Thursday	Friday	Saturday
		1	2	3	4	5
		일				
6	7	8	9	10	11	12
					십일	
13	14	15	16	17	18	19
20	21	22	23	24	25	26
이십						
27	28	29	30	31		

연 습 2

그림을 보고 [보기]와 같이 이야기해 보세요.
Look at the pictures and create the sentences as shown in the example.

[보기] Monday

오늘은 월요일이에요.

1) Tuesday

2) Friday

3) Saturday

4) Sunday

연습 3 그림을 보고 [보기]와 같이 알맞은 숫자를 쓰세요.

Look at the pictures and write the word of the number as shown in the example.

[보기]

오늘 (오) 과*를 공부해요.

1) 병원은 (   ) 층*에 있어요.

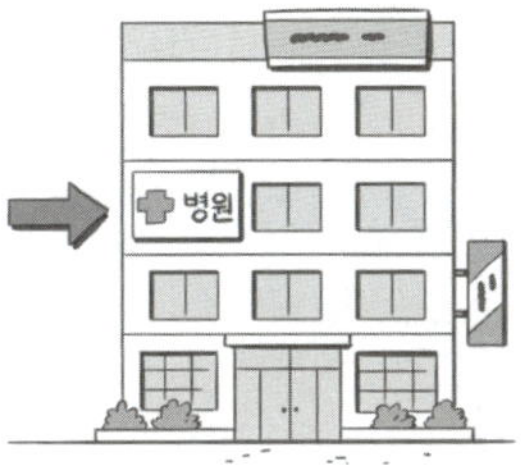

2) 방에 (   )층 침대가 있어요.

3) 저는 (   ) 층에 가요.

4) 저는 (   ) 페이지*를 읽어요.

연습 4 '3 · 6 · 9' 게임을 해 보세요.

Let's play '3 · 6 · 9'.

✎ 과 chapter 층 floor 페이지 page

문법과 표현 Grammar and Expression

1. 날짜와 요일

연 습 1 날짜를 보고 [보기]와 같이 이야기해 보세요.
Ask each other and respond as shown in the example.

[보기] **1월 7일**

오늘이 며칠이에요?

일월 칠 일이에요.

1)	1월 18일	2)	2월 23일	3)	3월 30일
4)	4월 2일	5)	5월 14일	6)	6월 6일
7)	7월 15일	8)	8월 26일	9)	9월 21일
10)	10월 10일	11)	11월 9일	12)	12월 28일

연 습 2 그림을 보고 [보기]와 같이 대화를 완성하세요.
Look at the pictures and complete the dialogues as shown in the example.

[보기]

4 April		
Wed	Thu	Fri
15	(16)	17
22	23	24

A : 시험이 며칠이에요?
B : 사월 십육 일이에요.

1)

2 February		
Mon	Tue	Wed
13	(14)	15
20	21	22

A : 밸런타인데이*가 며칠이에요?
B : ______________________.

2)

8 August		
Mon	Tue	Wed
27	(28)	29

A : 졸업식*이 언제예요?
B : ______________________.

3)

9 September		
Fri	Sat	Sun
21	(22)	23
28	29	30

A : 결혼식*이 며칠이에요?
B : ______________________.

4)

11 November		
Sun	Mon	Tue
(11)	12	13
17	18	19

A : 아키라 씨 생일이 언제예요?
B : ______________________.

밸런타인데이 Valentine's Day 졸업식 graduation ceremony 결혼식 wedding ceremony

연습 3 그림을 보고 [보기]와 같이 대화를 완성하세요.

Look at the pictures and complete the dialogues as shown in the example.

[보기]

8 August		
Tue	Wed	Thu
1	(2)	3
8	9	10

A : 오늘이 며칠이에요?
B : 팔월 이 일이에요.
A : 무슨 요일이에요?
B : 수요일이에요.

1)

3 March		
Sun	Mon	Tue
7	(8)	9
14	15	16

A : 오늘이 며칠이에요?
B : ________________.
A : 무슨 요일이에요?
B : ________________.

2)

6 June		
Mon	Tue	Wed
12	(13)	14
19	20	21

A : 오늘이 며칠이에요?
B : ________________.
A : 무슨 요일이에요?
B : ________________.

3)

7 July		
Wed	Thu	Fri
23	24	25
30	(31)	

A : 스티븐 씨 생일이 언제예요?
B : ________________.
A : 무슨 요일이에요?
B : ________________.

4)

10 October		
Sun	Mon	Tue
(24)	25	26
31		

A : 유진 씨 생일이 며칠이에요?
B : ________________.
A : 무슨 요일이에요?
B : ________________.

연습 4 친구와 이야기해 보세요.

Ask each other questions and respond as shown in the example.

무슨 차를 마셔요?

커피를 마셔요.

차

운동

책

주스

2. N에

연 습 1 그림을 보고 [보기]와 같이 문장을 완성하세요.

Look at the pictures and create the sentences as shown in the example.

[보기]

12월

일	월	화	수	목	금	토
			1	2	3	4
5	6	7	8	9	10	11
12	13	14	15	16	17	18
19	20	21	22	23	24	25
26	27	28	29	30	31	

1)

2)

3)

4)

5)

6)

[보기] 십이월 십이 일에 생일 파티를 해요.

1) ______________________________.

2) ______________________________.

3) ______________________________.

4) ______________________________.

5) ______________________________.

6) ______________________________.

연 습 2 그림을 보고 [보기]와 같이 대화를 완성하세요.

Look at the pictures and complete the dialogues as shown in the example.

[보기]

화요일

A : 화요일에 일해요?

B : 아니요, 화요일에는 한국어를 배워요.

1)

1월 1일

A : 일월 일 일에 고향*에 가요?

B : 아니요, ______________________.

2)

12월 25일

A : 십이월 이십오 일에 회사에 가요?

B : 아니요, ______________________.

3)

토요일

A : ______________________?

B : 아니요, ______________________.

4)

목요일

A : ______________________?

B : 아니요, ______________________.

연 습 3 빈칸에 필요하면 '에'를 쓰고, 필요 없으면 × 하세요.

Write '에' in the blank if it is necessary. If it is not, write ×.

1) 2월 28일________ 중국에 가요.

2) 언제________ 시장에 가요?

3) 주말________ 영화를 봐요.

4) 무슨 요일________ 친구를 만나요?

5) 오늘________ 학교에 가요?

6) 목요일________ 뭐 해요?

7) 지금________ 숙제해요.

고향 hometown

3. V-았/었-

연 습 1 다음과 같이 쓰세요.
Complete the table with the correct past tense form.

ㅏ, ㅗ	-았어요	
만나다	만났어요	만나다 + -았어요 ⇒ 만났어요
사다		
자다		
보다		
오다		
하다	했어요	
공부하다		하다 ⇒ 했어요
일하다		
운동하다		
구경하다		
사랑하다		
샤워하다*		
ㅓ, ㅜ, ㅣ…	-었어요	
먹다	먹었어요	먹다 + -었어요 ⇒ 먹었어요
읽다		
마시다		
가르치다		
배우다		
주다		
쉬다		

샤워하다 to shower

연습 2 그림을 보고 [보기]와 같이 문장을 완성하세요.

Look at the pictures and create the sentences as shown in the example.

[보기]

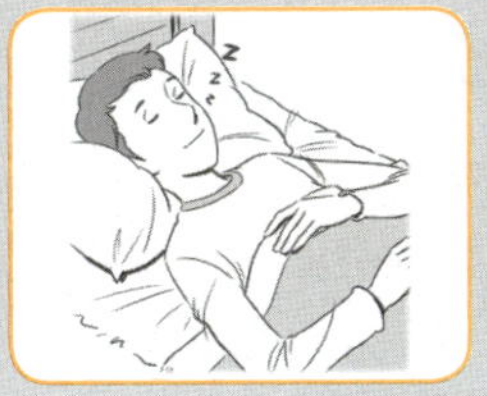

어제 집에서 잤어요.

오늘 집에서 자요.

1) 

2) 

3) 

4) 

연습 3 그림을 보고 [보기]와 같이 대화를 완성하세요.

Look at the pictures and complete the dialogues as shown in the example.

[보기]

오후 지금

A : 오후*에 뭐 했어요?

B : 요리했어요.

A : 지금 뭐 해요?

B : 책을 읽어요.

1) 

A : 오후에 뭐 했어요?

B : ______________________.

A : 지금 뭐 해요?

B : ______________________.

2) 

A : 오후에 뭐 했어요?

B : ______________________.

A : 지금 뭐 해요?

B : ______________________.

3) 

A : 오후에 ______________________?

B : ______________________.

A : 지금 ______________________?

B : ______________________.

4) 

A : 오후에 ______________________?

B : ______________________.

A : 지금 ______________________?

B : ______________________.

오후 afternoon

4. V-고

연 습 1 다음과 같이 쓰세요.
Add '-고' to each verb stem as shown in the example.

	-고		-고
가다	가고	산책하다*	
마시다		쇼핑하다	
만나다		하다	
보다		먹다	
오다		읽다	

연 습 2 그림을 보고 [보기]와 같이 문장을 완성하세요.
Look at the pictures and complete the sentences as shown in the example.

[보기]

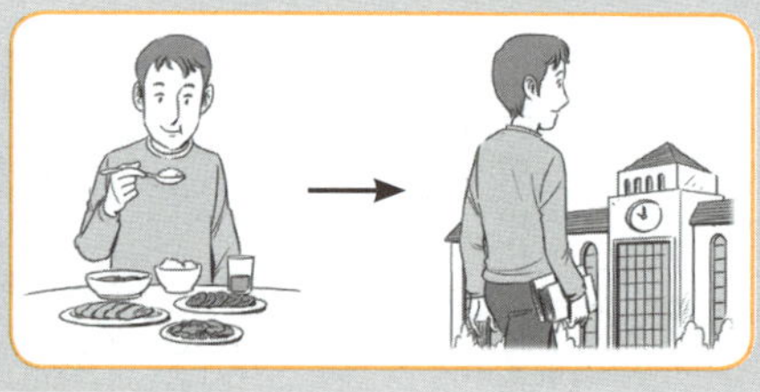

밥을 먹고 학교에 가요.

1) 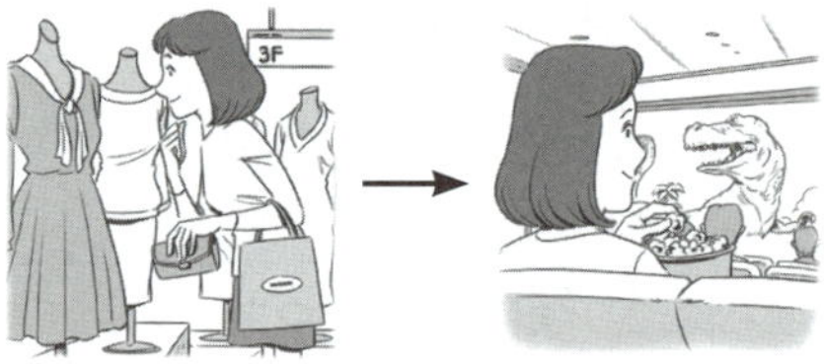

________________고 영화를 봐요.

2) 

____________________고 자요.

3) 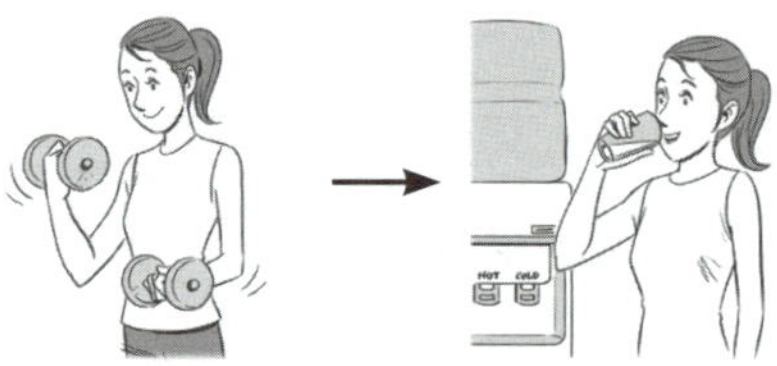

______________________________.

4) 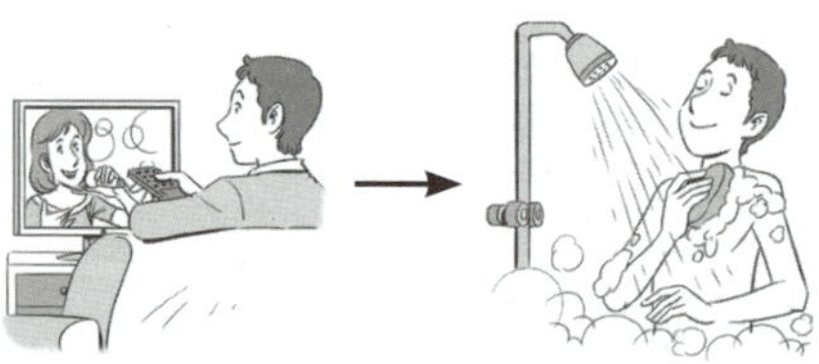

______________________________.

5) 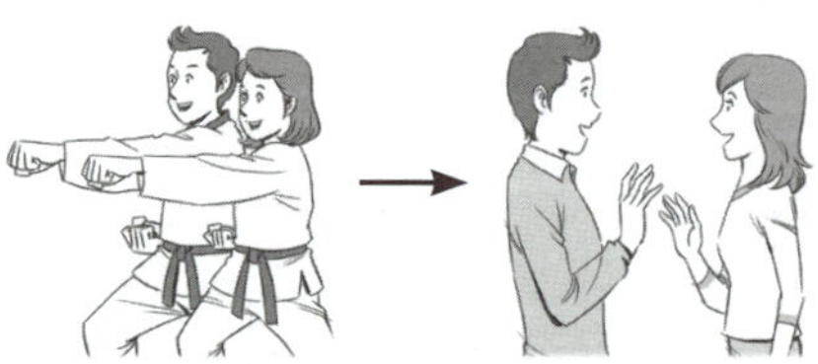

______________________________.

연 습 3 어제 뭐 했어요? 그림을 보고 [보기]와 같이 이야기해 보세요.

What did you do yesterday? Create a sentence for each set of pictures as shown in the example.

[보기]

어제 사진을 찍고 산책하고 쉬었어요.

1)

______________________________.

2)

______________________________.

3)

______________________________.

4) [ ] → [ ] → [ ]

______________________________.

산책하다 to stroll

문형 연습 Pattern Practice

track 19

연 습 1

[보기] **선생님** (T) 오늘이 며칠이에요?
학 생 (S) (3월 10일) 삼월 십 일이에요.

1. T 오늘이 며칠이에요?
   S (8월 15일) ______________________.
2. T 오늘이 며칠이에요?
   S (10월 16일) ______________________.
3. T 오늘이 무슨 요일이에요?
   S (월요일) ______________________.
4. T 오늘이 무슨 요일이에요?
   S (목요일) ______________________.

연 습 2

[보기] **선생님** (T) 무슨 요일에 도서관에 가요?
학 생 (S) (화요일) 화요일에 도서관에 가요.

1. T 무슨 요일에 친구를 만나요?
   S (일요일) ______________________.
2. T 무슨 요일에 태권도를 배워요?
   S (월요일) ______________________.
3. T 무슨 요일에 아르바이트해요?
   S (수요일) ______________________.
4. T 무슨 요일에 병원에 가요?
   S (금요일) ______________________.

연습 3

[보기] **선생님** (T) 어제 뭐 했어요?
학　생 (S) (책, 읽다) 책을 읽었어요.

1. T 어제 뭐 했어요?
   S (친구, 만나다) ______________________.
2. T 주말에 뭐 했어요?
   S (영화, 보다) ______________________.
3. T 월요일에 뭐 했어요?
   S (한국어, 공부하다) ______________________.
4. T 금요일에 뭐 했어요?
   S (차, 마시다) ______________________.

연습 4

[보기] **선생님** (T) 숙제를 했어요. 책을 읽었어요.
학　생 (S) 숙제를 하고 책을 읽었어요.

1. T 영화를 봤어요. 옷을 샀어요.
   S ______________________.
2. T 차를 마셨어요. 노래방에 갔어요.
   S ______________________.
3. T 운동했어요. 샤워했어요.
   S ______________________.
4. T 밥을 먹었어요. 텔레비전을 봤어요.
   S ______________________.

6 얼마예요?
How much is it?

어 휘

- 음식
  Food
- 숫자 2
  Numbers 2
- 돈
  Money

문법과 표현

- V-(으)세요
- N 개[병, 잔, 그릇]
- N이/가 A-아요/어요
- N도

문형 연습

어 휘 Vocabulary

연 습 1 빈칸에 알맞은 이름을 쓰세요.

Write the name of each food.

1) 

2) 

3) 

4) 

5) 

6) 

7) 

8) 

9) 

연 습 2 알맞은 그림을 연결하세요.

Match each name card with the correct picture.

1) 귤 2) 수박 3) 딸기 4) 사과

① 

② 

③ 

④ 

연 습 3 그림을 보고 대화를 완성하세요.

Look at the pictures and complete the dialogues.

1)

A : 저거는 뭐예요?

B : ________________________________.

2)

A : 점심 먹었어요?

B : 네, ____________________________.

3)

A : 피자를 먹었어요?

B : 아니요, __________________________.

4)

A : 그거 무슨 주스예요?

B : ________________________________.

5)

A : 시장에서 뭐를 샀어요?

B : ________________________________.

연 습 4 다음과 같이 쓰세요.

Complete the table as shown in the example.

1	일	★	하나	6	육	★★★ ★★★	여섯
2	이	★★		7		★ ★★★ ★★★	
3		★★★		8		★★ ★★★ ★★★	
4		★★ ★★		9		★★★ ★★★ ★★★	
5		★★ ★★★		10		★★★ ★★★ ★★★★	

문법과 표현 Grammar and Expression

1. V-(으)세요

연 습 1

다음과 같이 쓰세요.
Fill in the blanks with the correct form of each verb.

	-세요		-으세요
가다	가세요	앉다	
기다리다		웃다*	
보다		읽다	
쉬다		입다*	
운동하다		찍다	

연 습 2

그림을 보고 대화를 완성하세요.
Look at the pictures and complete the dialogues with the correct form of the verb in parentheses.

1)

A : 내일 아키라 씨 생일이에요.

B : 그래요? 그럼 케이크*를 ____________________. (사다)

2)

A : 시험이 있어요.

B : 그럼 한국어 책을 많이 ____________________. (읽다)

3)

A : 아저씨, 서울대학교 가요?

B : 네, 가요. 빨리* ____________________. (타다*)

4)

A : 여기요. 물 좀 ____________________. (주다)

B : 네, 잠깐만 ____________________. (기다리다)

웃다 to laugh 입다 to wear 케이크 cake 빨리 quickly 타다 to take

연 습 3 그림을 보고 [보기]와 같이 문장을 완성하세요.

Look at the pictures and complete the sentences as shown in the example.

[보기]

나나 씨, 우리 집*에 오세요 .

1)

샤오밍 씨, ______________________.

2)

할머니*, ______________________.

3)

민수 씨, ______________________.

4)

지연 씨, ______________________.

5)

여러분, ______________________.

6)

?

______________________.

우리 집 my house 할머니 grandmother

2. N 개[병, 잔, 그릇]

연 습 1 알맞은 것을 연결하세요.
Match each picture with the correct word.

1)  •

2)  •

3)  •

4)  •

5)  •

6)  •

7)  •

8)  •

9)  •

• ① 개

• ② 병

• ③ 잔

• ④ 그릇

연 습 2 빈칸에 알맞은 말을 쓰세요.

Fill in the blanks with the correct number and unit noun.

1)  냉면 ________

2)  녹차 ________

3)  오렌지 ________

4)  햄버거 ________

5)  밥 ________

6)  맥주 ________

연 습 3 그림을 보고 [보기]와 같이 대화를 완성하세요.

Look at the pictures and complete the dialogues as shown in the example.

[보기]

커피 두 잔 하고 맥주 세 병 주세요.

1) 

________하고 ________ 주세요.

2) 

________하고 ________ 주세요.

3) 

________하고 ________이/가 있어요.

4) 

________하고 ________ 주세요.

연 습 4 다음 질문에 답해 보세요.

Answer the following questions.

1. 우리 교실에 시계가 몇 개 있어요?
2. 우리 교실에 책상이 몇 개 있어요?
3. 우리 교실에 의자가 몇 개 있어요?
4. 우리 교실에 학생이 몇 명* 있어요?

* 명 unit noun for person

3. N이/가 A-아요/어요

연 습 1 다음과 같이 쓰세요.
Complete the table with the correct form of each word.

ㅏ, ㅗ	-아요	-았어요
싸다	싸요	쌌어요
비싸다*		
좋다		
하다	**해요**	**했어요**
복잡하다		
깨끗하다*		
ㅓ, ㅜ, ㅣ…	**-어요**	**-었어요**
맛있다		
재미있다*		
재미없다*		

연 습 2 그림을 보고 [보기]와 같이 빈칸에 알맞은 말을 쓰세요.
Look at the pictures and complete the sentences as shown in the example.

[보기]

가방 [이] [비][싸][요].

1)

축구* [ ] [ ][ ][ ][ ][ ].

2)

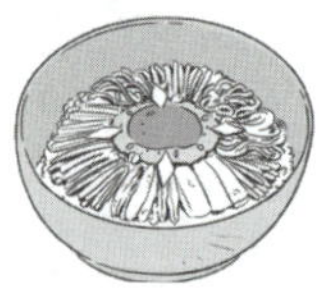

비빔밥 [ ] [ ][ ][ ][ ].

3)

어제 날씨* [ ] [ ][ ][ ][ ].

4)

어제 길 [ ] [ ][ ][ ][ ][ ].

비싸다 to be expensive　깨끗하다 to be clean　재미있다 to be fun / interesting　재미없다 to be boring / uninteresting　축구 soccer　날씨 weather

연 습 3 그림을 보고 [보기]와 같이 대화를 완성하세요.

Look at the pictures and complete the dialogues as shown in the example.

[보기]

A : 코트가 싸요?

B : 아니요, ___비싸요___.

1)

A : 텔레비전이 재미있어요?

B : 아니요, ______________________.

2)

A : 과자가 맛있어요?

B : 아니요, ______________________.

3)

A : 방이 깨끗해요?

B : 네, ______________________.

4)

A : 날씨가 좋았어요?

B : 아니요, ______________________.

5)

A : 지하철*이 복잡했어요?

B : 네, ______________________.

연 습 4 알맞은 것을 쓰세요.

Complete the sentences using the appropriate particle.

이	가	을	를	에	에서

1) 줄리앙은 미국 사람________ 아니에요.

2) 한국어 공부______ 재미있어요.

3) 토요일________ 도서관________ 공부했어요.

4) 식당________ 불고기________ 먹었어요.

5) 비빔밥________ 맛있어요.

6) 8월 18일________ 산________ 가요.

---

*지하철 subway

4. N도

연 습 1 그림을 보고 [보기]와 같이 문장을 완성하세요.

Look at the pictures and create the sentences as shown in the example.

[보기]

나나는 학생이에요.

켈리도 학생이에요.

1)

아키라는 회사원이에요.

______________________________.

2)

마리코는 일본 사람이에요.

______________________________.

3)

유진은 비빔밥을 먹어요.

______________________________.

4)

샤오밍은 도서관에 가요.

______________________________.

5)

히엔은 숙제를 해요.

______________________________.

6)

줄리앙은 자요.

______________________________.

연 습 2 그림을 보고 [보기]와 같이 대화를 완성하세요.

Look at the pictures and complete the dialogues as shown in the example.

[보기]

A : 어제 뭐를 먹었어요?

B : 햄버거를 먹었어요.

그리고 스파게티도 먹었어요.

1)

A : 어제 누구를 만났어요?

B : ______________________.

그리고 ______________________.

2)

A : 어제 뭐를 샀어요?

B : ______________________.

그리고 ______________________.

3)

A : 어제 뭐를 배웠어요?

B : ______________________.

그리고 ______________________.

연 습 3 그림을 보고 [보기]와 같이 문장을 완성하세요.

Look at the schedule and create the sentences as shown in the example.

월	화	수	목	금	토	일
영어 병원	영어	태권도	병원	태권도	영화	영화

[보기]

월요일에 영어를 배워요. 화요일에도 영어를 배워요.

1)

______________________________.

2)

______________________________.

3)

______________________________.

문형 연습 Pattern Practice

track 20

연 습 1

[보기] 선생님 (T) 집에 가다
학 생 (S) 집에 가세요.

1. T 한국 드라마를 보다
   S ______________________.
2. T 지금 전화하다
   S ______________________.
3. T 유진 씨 옆에 앉다
   S ______________________.
4. T 한국어 책을 읽다
   S ______________________.

연 습 2

[보기] 선생님 (T) 사과 한 개에 얼마예요?
학 생 (S) (1,300원) 한 개에 천삼백 원이에요.

1. T 물 한 병에 얼마예요?
   S (800원) ______________________.
2. T 주스 한 잔에 얼마예요?
   S (2,500원) ______________________.
3. T 비빔밥 한 그릇에 얼마예요?
   S (10,000원) ______________________.
4. T 의자 한 개에 얼마예요?
   S (39,000원) ______________________.

연습 3

[보기] **선생님** (T) 책상, 비싸다
학 생 (S) 책상이 비싸요.

1. T 불고기, 맛있다
   S ______________________________.
2. T 볼펜, 싸다
   S ______________________________.
3. T 노래, 좋다
   S ______________________________.
4. T 길, 복잡하다
   S ______________________________.

연습 4

[보기] **선생님** (T) 나나 씨는 중국 사람이에요.
학 생 (S) (샤오밍 씨) 샤오밍 씨도 중국 사람이에요.

1. T 아키라 씨는 회사에 가요.
   S (민수 씨) ______________________________.
2. T 불고기를 먹었어요.
   S (냉면) ______________________________.
3. T 사과가 맛있어요.
   S (귤) ______________________________.
4. T 월요일에 태권도를 배워요.
   S (수요일) ______________________________.

복습 3

어휘와 문법 Vocabulary and Grammar

1. 정리하기

어휘

5과	일 이 삼 사 오	육 칠 팔 구 십	월요일 화요일 수요일 목요일 금요일	토요일 일요일 주말
6과	갈비탕 김밥 김치 김치찌개 냉면 라면 불고기 비빔밥 샌드위치 스파게티	피자 햄버거 귤 딸기 사과 수박	하나 둘 셋 넷 다섯 여섯 일곱 여덟 아홉 열	얼마 십 원 오십 원 백 원 오백 원 천 원 오천 원 만 원 오만 원

문법

5과	날짜와 요일	오늘이 며칠이에요? – 유**월** 육 **일**이에요. 오늘이 무슨 요일이에요? – **금요일**이에요.
	N에	목요일**에** 뭐 해요?
	V–았/었–	어제 뭐 **했**어요? – 친구를 만**났**어요.
	V–고	숙제를 하**고** 텔레비전을 봐요. 밥을 먹**고** 차를 마셨어요.
6과	V–(으)세요	잠깐만 기다리**세요.** 여기 앉**으세요.**
	N 개[병, 잔, 그릇]	빵 **한 개** 주세요.
	N이/가 A–아요/어요	오렌지**가** 싸**요.** 김밥**이** 맛있**어요.**
	N도	저는 학생이에요. 켈리 씨**도** 학생이에요.

2. 확인하기

알아보기

날씨**가 좋아요**.

스티븐은 유진 씨**를 좋아해요**.

연습 맞는 것을 고르세요.

1. 제 여자 친구는 커피를 (좋아요 / 좋아해요).
2. 저는 줄리앙 씨를 (좋아요 / 좋아해요).
3. 스티븐 씨 휴대폰이 아주 (좋아요 / 좋아해요).
4. 꽃을 (좋아요 / 좋아해요)?
5. 민수 씨 차가 (좋아요 / 좋아해요).
6. A : 피자를 (좋아요 / 좋아해요)?

   B : 아니요, 햄버거를 (좋아요 / 좋아해요).
7. A : 무슨 음식을 (좋아요 / 좋아해요)?

   B : 저는 불고기를 (좋아요 / 좋아해요).
8. A : 내일 시간 있어요?

   B : 미안해요. 내일은 시간이 없어요.

   A : 그럼 언제가 (좋아요 / 좋아해요)?
9. A : 줄리앙 씨는 운동을 (좋아요 / 좋아해요)?

   B : 아니요, 줄리앙 씨는 운동을 안 (좋아요 / 좋아해요).
10. A : 요즘 무슨 노래가 (좋아요 / 좋아해요)?

    B : 저는 한국 노래를 (좋아요 / 좋아해요).

3. 평가하기

제한 시간 15분 | 내 점수 : / 20

[1–5] 그림을 보고 ( )에 알맞은 것을 고르세요.

1. A : 오늘이 며칠이에요?
   B : ( )이에요.

① 십월 십삼 일
② 십월 십사 일
③ 시월 십삼 일
④ 시월 십사 일

2. A : 언제 태권도를 배워요?
   B : ( )에 배워요.

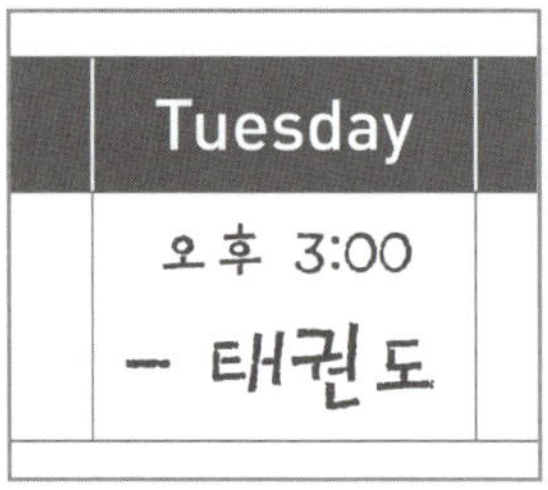

① 월요일
② 화요일
③ 수요일
④ 목요일

3. A : ( )에 뭐 했어요?
   B : 친구하고 파티했어요.

① 방학
② 생일
③ 어제
④ 추석

4. A : 점심 먹었어요?
   B : 네. ( ) 먹었어요.

① 김밥
② 냉면
③ 갈비탕
④ 비빔밥

5. A : 여기요. (   ) 좀 주세요.
   B : 네, 잠깐만 기다리세요.

① 물
② 김치
③ 메뉴
④ 휴지

[6-7] 밑줄 친 부분과 반대되는 뜻을 가진 것을 고르세요.

6. A : 과일이 <u>싸요</u>?
   B : 아니요, (   ).
   ① 맛있어요　② 복잡해요　③ 비싸요　④ 좋아요

7. A : 병원에 친구하고 <u>같이</u> 갔어요?
   B : 아니요, (   ) 갔어요.
   ① 모두　② 아주　③ 어서　④ 혼자

[8-12] (   )에 알맞은 것을 고르세요.

8. (   ) 요일을 좋아해요?
   ① 무슨　② 무엇　③ 어디　④ 언제

9. 켈리 씨는 (   ) 층 교실에 있어요.
   ① 삼　② 세　③ 셋　④ 세 개

10. 이거는 (   )에 천 원이에요.
   ① 일　② 일 개　③ 한　④ 한 개

11. 커피 한 (   )하고 빵을 먹었어요.
   ① 개　② 병　③ 잔　④ 그릇

12. (   )에 뭐 했어요?
   ① 내일　② 어제　③ 지금　④ 지난주

[13–16] (　　　　)에 알맞은 것을 고르세요.

13. A : 어서 오세요.
B : (　　　　　　) 주세요.
① 냉면 하나　　② 냉면 하나에
③ 냉면 한 병　　④ 냉면 한 잔

14. A : 금요일에 시간이 있어요?
B : 미안해요. (　　　　　　).
① 시간도 있어요　　② 시간이 있어요
③ 시간이 없어요　　④ 시계가 없어요

15. A : 월요일에 (　　　　　　)?
B : 네, 아주 복잡해요.
① 길을 복잡해요　　② 길이 복잡해요
③ 길이 안 복잡해요　　④ 길이 복잡했어요

16. A : 아키라 씨도 파티에 가요?
B : 아니요. (　　　　　　).
① 아키라 씨가 가요　　② 아키라 씨도 가요
③ 아키라 씨는 가요　　④ 아키라 씨는 안 가요

[17–18] 다음을 읽고 물음에 답하세요.

> A : 아저씨, 이거 (　　㉠　　)?
> B : 두 개에 삼천 원이에요.
> A : 그럼 네 개 주세요.
> B : 여기 있어요. 또 (　　㉡　　).

17. ㉠에 알맞은 것을 고르세요.
① 뭐예요　　② 어디예요　　③ 언제예요　　④ 얼마예요

18. ㉡에 알맞은 것을 고르세요.
① 가요　　② 가세요　　③ 오세요　　④ 왔어요

[19-20] 다음을 읽고 물음에 답하세요.

A : 주말에 뭐 했어요?
B : 친구를 (㉠).
A : 친구하고 뭐 했어요?
B : 영화 (㉡) 같이 저녁 먹었어요.

19. ㉠에 알맞은 것을 고르세요.
① 만나요 ② 만나세요 ③ 만났어요 ④ 안 만나요

20. ㉡에 알맞은 것을 고르세요.
① 보고 ② 하고 ③ 봤고 ④ 했고

발음 Pronunciation

1. 정리하기

1. 숫자를 읽을 때 다음 발음에 주의하세요.
Pay attention to the following pronunciation when reading numbers.

① 받침 'ㅂ' 뒤에 오는 'ㄱ, ㅅ'은 [ㄲ, ㅆ]으로 발음됩니다.
'ㄱ, ㅅ' are pronounced as [ㄲ, ㅆ] after the final consonant 'ㅂ'.
예] **십삼**(13)[십쌈] / **십구**(19)[십꾸]

② 받침 'ㅂ'은 뒤에 '육(6)'이 오면 [ㅁ]으로 발음되고, '육'은 [뉵]으로 발음됩니다.
When the final consonant 'ㅂ' is followed by '육(6)', it is pronounced as [ㅁ], and '육' is pronounced as [뉵].
예] **십육**(16)[심뉵], 이**십육**(26)[이심뉵]

2. 받침 'ㅎ, ㄶ, ㅀ'은 뒤에 모음이 오면 [ㅎ]이 발음되지 않습니다.
When the final consonants 'ㅎ, ㄶ, ㅀ' are followed by the initial 'ㅇ', [ㅎ] is silent.
예] **좋**아요[조아요] / **좋**아해요[조아해요] / **많**아요[마나요] / **싫**어해요[시러해요]

2. 평가하기

track 21

[1–4] 잘 듣고 맞는 것에 √ 하세요.

	①	②
[보기] 15	√	
1. 11		
2. 16		
3. 29		
4. 22		

[5–8] 잘 듣고 쓰세요.

5. ________ 월 ________ 일　　6. ________ 월 ________ 일

7. ________ 월 ________ 일　　8. ________ 월 ________ 일

[9–12] 잘 듣고 맞는 것에 √ 하세요.

	①	②
[보기] 좋아해요	√	
9. 많아요		
10. 좋아요		
11. 괜찮아요		
12. 싫어해요		

듣기 Listening

track 22　　내 점수 : 　　/ 20

[1-3] 잘 듣고 알맞은 것을 고르세요.

1. 오늘은 (　　　　　　)이에요.

① 일요일　② 월요일　③ 목요일　④ 토요일

2. 책을 (　　　　　　).

① 오세요　② 보세요　③ 쓰세요　④ 사세요

3. 이거 두 (　　　　　　) 주세요.

① 장　② 반　③ 잔　④ 만

[4-8] 잘 듣고 알맞은 대답을 고르세요.

4. ①　②　③　④

5. ①　②　③　④

6. ①　②　③　④

7. ①　②　③　④

8. ①　②　③　④

[9–12] 여기는 어디입니까? 잘 듣고 알맞은 것을 고르세요.

9. ① 시장 ② 식당 ③ 가게 ④ 커피숍

10. ① 책방 ② 공항 ③ 대사관 ④ 미용실

11. ① 교실 ② 병원 ③ 약국 ④ 도서관

12. ① 공항 ② 은행 ③ 우체국 ④ 백화점

[13–15] 다음 대화를 듣고 알맞은 그림을 고르세요.

13.

①
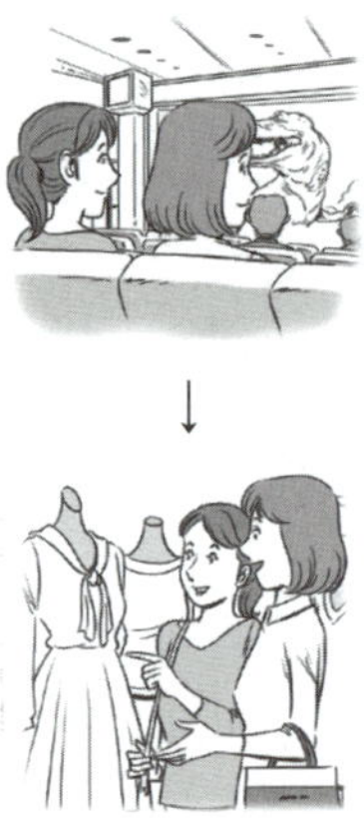

②

③

④
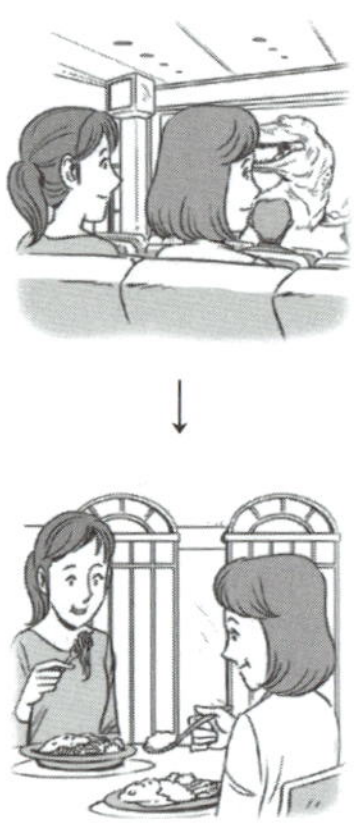

14.

①

②

③

④

15.

①

②

③

④

[16-20] **잘 듣고 대화 내용과 같은 것을 고르세요.**

16. ① 룸메이트는 미국 사람이에요.
    ② 룸메이트는 영어 선생님이에요.
    ③ 룸메이트는 주말에 회사에 갔어요.
    ④ 룸메이트는 주말에 혼자 쇼핑했어요.

17. ① 여기는 은행이에요.
    ② 딸기 주스가 없어요.
    ③ 여자는 오렌지 주스를 안 시요.
    ④ 여자는 딸기하고 오렌지를 먹어요.

18. ① 오늘은 월요일이에요.
    ② 남자는 내일 도서관에 가요.
    ③ 남자는 어제 시험이 있었어요.
    ④ 남자는 일요일에 공부를 안 했어요.

19. ① 오늘은 화요일이에요.
    ② 남자는 학교에서 공부해요.
    ③ 남자는 수요일에 학교에 안 가요.
    ④ 남자는 학교에서 태권도를 배워요.

20. ① 김치찌개는 맛이 없었어요.
    ② 어제 남자는 식당에 갔어요.
    ③ 남자는 김치찌개를 안 좋아해요.
    ④ 남자는 어제 김치찌개를 먹었어요.

읽기와 쓰기 Reading and Writing

제한 시간 15분 | 내 점수 : / 20

[1] 다음을 읽고 관계있는 것을 고르세요.

1. 잔

①

②

③

④

[2–4] ( )에 들어갈 가장 알맞은 말을 고르세요.

2. 모자가 ( ). 모자를 안 사요.

① 비싸요 ② 맛있어요 ③ 복잡해요 ④ 재미있어요

3. 매일 한국어를 공부해요. 한국어 공부가 ( ).

① 비싸요 ② 깨끗해요 ③ 맛있어요 ④ 재미있어요

4. 냉면이 ( ). 두 그릇 먹었어요.

① 따뜻했어요 ② 맛있었어요 ③ 복잡했어요 ④ 재미없었어요

[5–6] 무엇에 대한 이야기입니까? 알맞은 것을 고르세요.

5. 저는 시장에서 사과를 샀어요. 그리고 딸기도 샀어요.

① 차 ② 옷 ③ 과자 ④ 과일

6. 저는 토요일에 친구를 만났어요. 그리고 일요일에는 집에서 쉬었어요.

① 오늘 ② 달력 ③ 주말 ④ 생일

[7-8] 다음을 읽고 맞지 않는 것을 고르세요.

7.

10월

일	월	화	수	목	금	토
		1	2	3	4	5
					아르바이트	
6	7	8	9	10	11	12
미용실		오늘		한국어 시험	한국어 시험	

① 내일은 수요일이에요.　　② 어제 미용실에 갔어요.
③ 한국어 시험은 금요일에 끝나요.　　④ 지난주에 아르바이트가 있었어요.

8.

영수증

김치찌개×1	5,000원
비 빔 밥×2	14,000원
콜　　라×2	2,000원
합　　계	21,000원

017920120804000085005

① 김치찌개는 오천 원이에요.
② 비빔밥을 두 그릇 먹었어요.
③ 콜라는 한 병에 이천 원이에요.
④ 모두 이만 천 원이에요.

[9-10] [보기]와 같이 순서에 맞게 문장을 만드세요.

[보기]　아닙니다, 학생, 나는, 이 → 나는 학생이 아닙니다.

9. 가요, 한국어, 배우고, 에, 회사, 는, 를
→ 아키라 씨________________.

10. 한 개, 얼마예요, 는, 사과, 에
→ ________________?

[11–13] 알맞은 것을 골라 질문을 만드세요.

누구	뭐	무슨	몇	어디

11. A : 콜라를 ____________________? B : 5병 샀어요.

12. A : ____________________? B : 대사관에 가요.

13. A : ____________________? B : 금요일에 태권도를 배워요.

[14–16] 그림을 보고 알맞은 말을 쓰세요.

14.

A : 어서 오세요. 여기 앉으세요.

B : ____________________.

15.

A : 오늘이 ____________________?

B : 1월 24일입니다.

16.

A : 무슨 과일을 좋아해요?

B : ____________________.

[17-20] 다음을 읽고 맞으면 O, 틀리면 X 하세요.

> 저는 쇼핑을 좋아해요. 그래서 백화점에 자주 가요. 지난주 일요일에도 친구하고 같이 백화점에 갔어요. 저는 운동화를 샀어요. 운동화는 팔만 이천 원이에요. 요즘 백화점은 세일을 해요. 그래서 30%를 깎아 줬어요. 저는 오만 칠천사백 원을 주고 운동화를 샀어요. 제 친구는 이만 구천 원을 주고 바지를 샀어요. 우리는 쇼핑을 하고 백화점 식당에서 비빔밥을 먹었어요. 비빔밥은 한 그릇에 팔천 원이에요. 친구가 밥을 샀어요. 그래서 저는 커피를 샀어요. 커피는 한 잔에 오천 오백 원이에요. 한국은 운동화도 싸고 바지도 싸요. 하지만 커피는 좀 비싸요.

17. 지난주 일요일에 혼자 백화점에 갔어요. (　　)
18. 57,400원을 주고 운동화를 샀어요. (　　)
19. 친구는 바지와 커피를 샀어요. (　　)
20. 밥을 먹고 커피를 마셨어요. (　　)

[21] **질문을 잘 읽고 200~300자로 글을 쓰세요.**

여러분도 쇼핑을 좋아해요? 어디에서 자주 쇼핑을 해요? 거기에서 무엇을 샀어요?
그거는 얼마예요? 쓰세요.

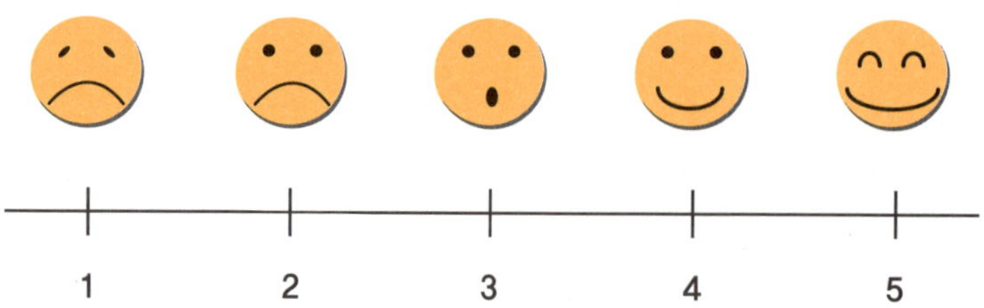

말하기 Speaking

[1] 그림을 보고 이야기를 만들어 보세요.

[2] 친구와 이야기해 보세요.

한국 가수입니다. 콘서트를 하러 외국에 갔습니다. 지금 그곳의 기자를 만나서 인터뷰를 합니다. 기자의 질문에 대답하세요.

You are a Korean singer. You went abroad for a concert and have an interview with a local reporter. Answer the reporter's questions.

기자입니다. 한국 가수가 콘서트를 하러 여러분 나라에 왔습니다. 지금 그 가수를 만나서 인터뷰를 합니다. 그 가수에게 아래에 있는 질문들을 물어보세요.

You are a reporter. A Korean singer is visiting your country for a concert. Meet the singer and conduct an interview. Ask the singer questions below.

언제?

무슨 음식?

어제 뭐…?

언제 콘서트*…?

콘서트 concert

Memo

7 날씨가 어떻습니까?

How is the weather?

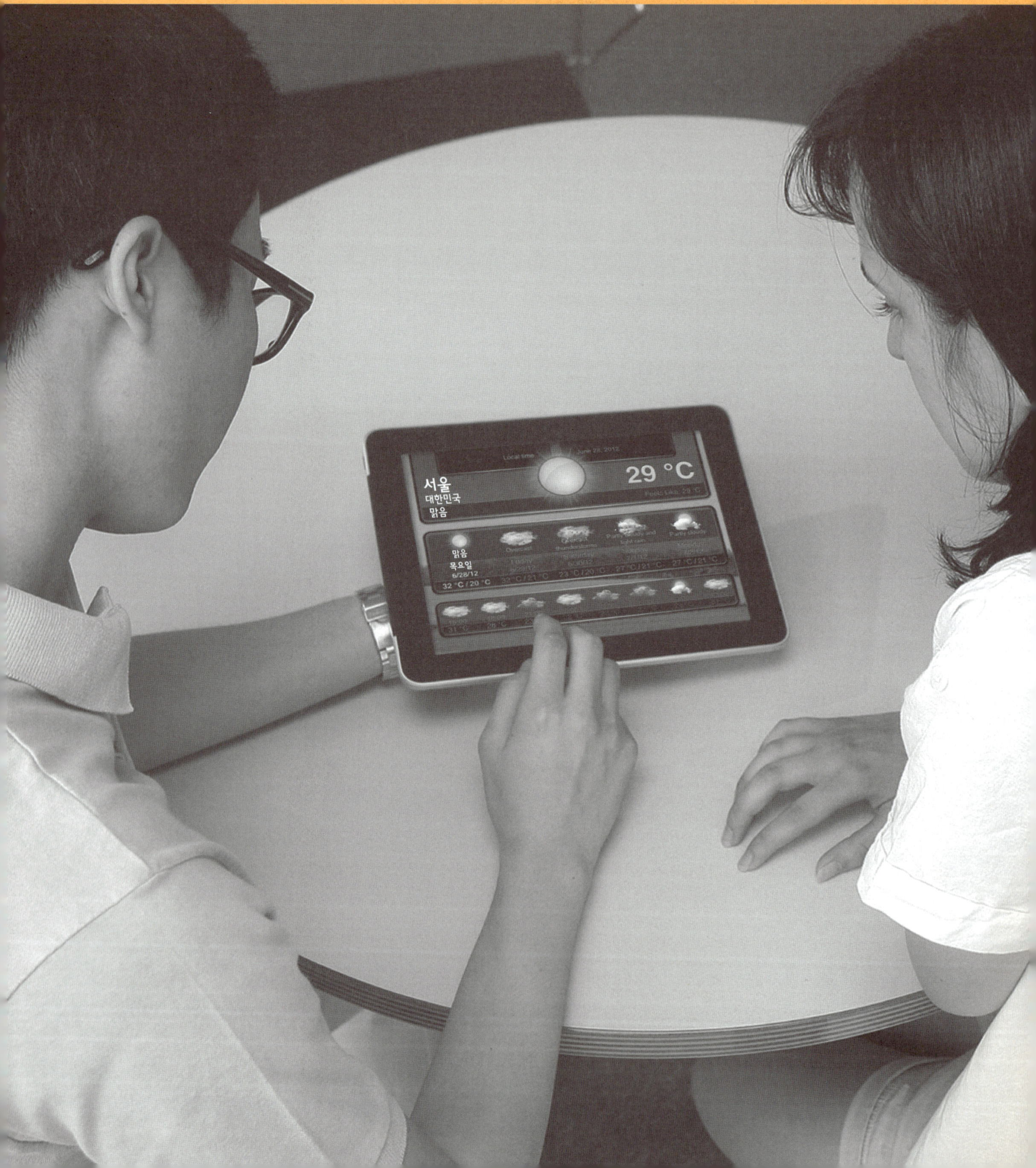

어 휘

- 날씨와 계절
  Weather and seasons
- 형용사 1
  Adjective 1

문법과 표현

- 'ㅂ' 불규칙
- A/V 지만
- A/V-습니다/ㅂ니다
- A/V-고

문형 연습

어 휘 Vocabulary

연 습 1

알맞은 것을 연결하세요.
Match each word with the corresponding picture.

1) 춥다 •	• ①	
2) 덥다 •	• ②	
3) 무겁다 •	• ③	
4) 어렵다 •	• ④	
5) 맵다 •	• ⑤	

연 습 2

다음 중 관계없는 단어를 고르세요.
Choose the word that has no connection with the others three.

[보기]　　사과　　포도　　책상　　귤

1)	봄	나라	여름	가을
2)	덥다	시원하다	맵다	따뜻하다
3)	싸다	흐리다	맑다	좋다

연 습 3 그림을 보고 [보기]와 같이 대화를 완성하세요.

Look at the pictures and complete the dialogues as shown in the example.

[보기]

A : 날씨가 어때요?

B : 좋아요 ________________.

1)

A : 날씨가 어때요?

B : ________________________.

2)

A : 날씨가 어때요?

B : ________________________.

3)

A : 날씨가 어때요?

B : ________________________.

4)

A : 따뜻해요?

B : 아니요, ____________________.

연 습 4 다음 단어들과 어울리는 형용사를 연결하세요.

Match the set of words on the left with the correct adjectives.

1) 날씨, 커피, 코트	•	•	① 맛있다
2) 시험, 숙제, 공부	•	•	② 따뜻하다
3) 가방, 컴퓨터, 책상	•	•	③ 어렵다
4) 불고기, 딸기, 아이스크림	•	•	④ 무겁다

문법과 표현 Grammar and Expression

1. 'ㅂ' 불규칙

연 습 1 다음과 같이 쓰세요.
Complete the table with the correct forms of each adjective.

	–아요/어요	–았어요/었어요
덥다	더워요	
춥다		추웠어요
쉽다		
어렵다		
맵다		
가볍다		
무겁다		

연 습 2 그림을 보고 [보기]와 같이 문장을 완성하세요.
Look at the pictures and complete the sentences as shown in the example.

[보기]

날씨가 더워요.

1)

날씨가 ________________.

2)

김치________________.

3)

가방________________.

연 습 3 그림을 보고 [보기]와 같이 대화를 완성하세요.

Look at the pictures and complete the dialogues as shown in the example.

[보기]

A : 어제는 날씨가 어땠어요?

B : 더웠어요________________.

1)

A : 어제는 날씨가 따뜻했어요?

B : 아니요, ________________.

2)

A : 어제 시험이 어땠어요?

B : 조금* ________________.

3)

A : 어제 숙제가 어땠어요?

B : ________________.

4)

A : 어제 뭐 먹었어요?

B : 김치찌개를 먹었어요.

A : 김치찌개가 어땠어요?

B : 아주 ________________.

조금 a little

2. A/V-지만

연 습 1 다음과 같이 쓰세요.

Complete the table with the correct form of the words.

	-지만	-았지만/었지만
싸다	싸지만	쌌지만
흐리다		
복잡하다		
좋다		
있다		
덥다		
가다		
마시다		
좋아하다		
공부하다		
먹다		
입다		

연 습 2 [보기]와 같이 문장을 완성하세요.

Create the sentences as shown in the example.

학생 식당이 싸요. 학생 식당이 맛없어요.	[보기] → 학생 식당이 싸지만 맛없어요.
딸기가 비싸요. 딸기가 맛있어요.	1) → ________________.
시장이 복잡해요. 시장이 재미있어요.	2) → ________________.
스티븐 씨는 교실에 있어요. 줄리앙 씨는 교실에 없어요.	3) → ________________.
나는 커피를 안 마셔요. 여자 친구는 커피를 마셔요.	4) → ________________.
어제는 빵을 먹었어요. 오늘은 밥을 먹어요.	5) → ________________.

연 습 3 그림을 보고 [보기]와 같이 대화를 완성하세요.

Look at the pictures and complete the dialogues as shown in the example.

[보기]

A : 지하철이 복잡해요.

B : 버스*도 복잡해요?

A : 아니요. <u>지하철은 복잡하지만 버스는 안 복잡해요.</u>

1)

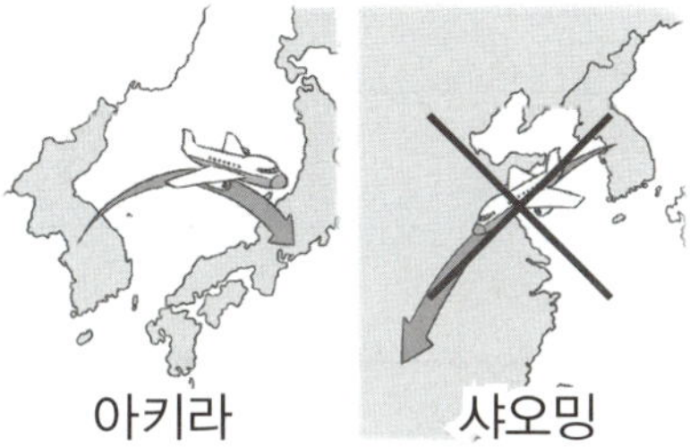

A : 방학에 아키라 씨는 고향에 가요.

B : 샤오밍 씨도 고향에 가요?

A : 아니요. ______________________________

______________________________________.

2)

A : 1급이 쉬워요.

B : 2급도 쉬워요?

A : 아니요. ______________________________

______________________________________.

3)

A : 지연 씨는 요리를 배워요.

B : 마리코 씨도 요리를 배워요?

A : 아니요. ______________________________

______________________________________.

4)

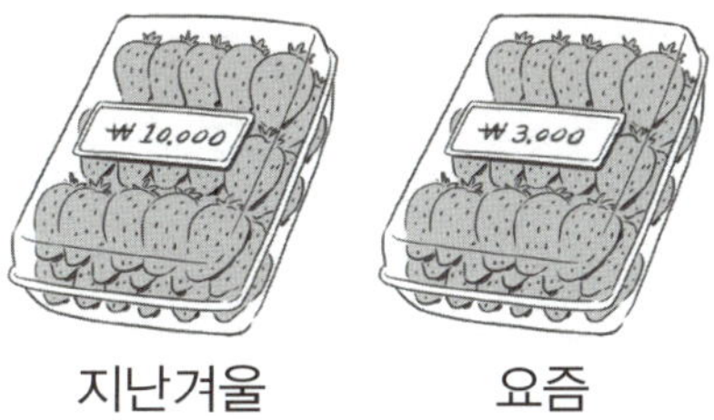

A : 지난겨울*에 딸기가 비쌌어요.

B : 요즘도 딸기가 비싸요?

A : 아니요. ______________________________

______________________________________.

5)

A : 지난* 토요일에 일했어요.

B : 이번* 토요일에도 일해요?

A : 아니요. ______________________________

______________________________________.

버스 bus 지난겨울 last winter 지난 last 이번 this

3. A/V-습니다/ㅂ니다

연 습 1 다음과 같이 쓰세요.

Complete the table with the correct forms of each word.

	-습니다/ㅂ니다	-았습니다/었습니다
싸다	쌉니다	쌌습니다
비싸다		
흐리다		
복잡하다		복잡했습니다
시원하다		
좋다	좋습니다	
있다		
없다		
덥다		
쉽다		
가다	갑니다	갔습니다
오다		
보다		
공부하다		
전화하다		
마시다		
배우다		
먹다		먹었습니다
입다		
읽다		

연 습 2 다음과 같이 고쳐 쓰세요.

Rewrite the sentences as shown in the example.

안녕하세요? 저는 스티븐이에요.
저는 미국 사람이에요.
지금 서울대학교에서
한국어하고 한국 역사*를 배워요.
한국어는 재미있지만 어려워요.
저는 운동을 좋아해요.
어제도 친구하고 축구를 했어요.

→

안녕하십니까? 저는 스티븐입니다.
____
____
____
____
____
____
____

연 습 3 그림을 보고 [보기]와 같이 대화를 완성하세요.

Look at the pictures and complete the dialogues as shown in the example.

[보기]

A : 한국 음식이 어떻습니까?

B : 조금 맵습니다.

1)

A : 주말에는 무엇을 합니까?

B : ____________________.

2)

A : 요즘 무슨 책을 ____________?

B : ____________________.

3)

A : 어제 무엇을 ____________?

B : ____________________.

4)

A : ____________________?

B : ____________________.

* 역사 history

4. A/V-고

연 습 1 그림을 보고 [보기]와 같이 대화를 완성하세요.
Look at the pictures and complete the dialogues as shown in the example.

[보기]

A : 라면이 어때요?

B : 싸고 맛있어요 ______________.

1)

A : 날씨가 어때요?

B : ______________________________.

2)

A : 가방이 어때요?

B : ______________________________.

3)

A : 코트가 어때요?

B : ______________________________.

4)

A : 요즘 스티븐 씨는 뭐 해요?

B : ______________________________.

5)

A : 요즘 민수 씨는 뭐 해요?

B : ______________________________.

연 습 2 그림을 보고 [보기]와 같이 문장을 완성하세요.

Look at the pictures and complete the sentences as shown in the example.

[보기]

스티븐 씨는 농구*를 하 고
정우 씨는 축구를 해요.

1)

아키라 씨는 ______________________ 고
민수 씨는 ______________________.

2)

마리코 씨는 ______________________ 고
지연 씨는 ______________________.

3)

나나 씨는 ______________________
샤오밍 씨는 ______________________.

4)

줄리앙 씨는 ______________________
스티븐 씨는 ______________________.

연 습 3 알맞은 것을 골라 문장을 완성하세요.

Connect two sentences using the appropriate connective from the box.

하고	–고	–지만

1) 어제는 추웠어요. + 오늘은 안 추워요. → ______________________.
2) 어제는 추웠어요. + 눈이 왔어요. → ______________________.
3) 햄버거 주세요. + 콜라 주세요. → ______________________.
4) 사과가 맛있어요. + 사과가 싸요. → ______________________.
5) 숙제가 어려워요. + 숙제가 재미있어요. → ______________________.

농구 basketball

문형 연습 Pattern Practice

track 23

연 습 1

[보기] **선생님** (T) 가방이 어때요?
학　생 (S) (무겁다) 무거워요.

1. T 시험이 어때요?
   S (어렵다) ______________________.
2. T 날씨가 어때요?
   S (춥다) ______________________.
3. T 김치가 어때요?
   S (맵다) ______________________.
4. T 숙제가 어때요?
   S (쉽다) ______________________.

연 습 2

[보기] **선생님** (T) 한국어 공부가 재미있어요. 한국어 공부가 어려워요.
학　생 (S) 한국어 공부가 재미있지만 어려워요.

1. T 김치가 매워요. 김치가 맛있어요.
   S ______________________.
2. T 일이 어려워요. 일이 재미있어요.
   S ______________________.
3. T 히엔 씨는 커피를 좋아해요. 마리코 씨는 커피를 안 좋아해요.
   S ______________________.
4. T 어제는 비가 왔어요. 오늘은 안 와요.
   S ______________________.

연 습 3

[보기] **선생님** (T) 오늘은 날씨가 따뜻해요.
학　생 (S) 오늘은 날씨가 따뜻합니다.

1. T 오늘도 눈이 와요.
   S ______________________________.
2. T 주말에 운동해요.
   S ______________________________.
3. T 한국어 책을 읽어요.
   S ______________________________.
4. T 어제 비빔밥을 먹었어요.
   S ______________________________.

연 습 4

[보기] **선생님** (T) 가방이 무거워요. 가방이 비싸요.
학　생 (S) 가방이 무겁고 비싸요.

1. T 휴대폰이 싸요. 휴대폰이 좋아요.
   S ______________________________.
2. T 사과가 싸요. 사과가 맛있어요.
   S ______________________________.
3. T 날씨가 추워요. 눈이 와요.
   S ______________________________.
4. T 나나 씨는 녹차를 마셨어요. 히엔 씨는 커피를 마셨어요.
   S ______________________________.

8 영화 볼까요?

Shall we watch a movie?

어 휘

• 여가 활동
Leisure activities

문법과 표현

• V-(으)ㄹ까요?
• 'ㄷ' 불규칙
• 이[그, 저] N
• A/V-네요

문형 연습

어 휘 Vocabulary

연 습 1

알맞은 것을 연결하세요.

Match each word with the corresponding picture.

1) 농구 •   • ① 

2) 골프 •   • ② 

3) 축구 •   • ③ 

4) 당구 •   • ④ 

5) 테니스 •   • ⑤ 

연 습 2

다음 단어들과 어울리는 동사를 고르세요.

Match each set of words with the correct verb.

1) 축구, 게임, 농구 •   • ① 치다

2) 테니스, 피아노, 기타 •   • ② 하다

3) 스키, 자전거, 스케이트 •   • ③ 타다

연습 3 그림을 보고 [보기]와 같이 대화를 완성하세요.

Look at the pictures and complete the dialogues as shown in the example.

[보기]

A : 주말에 뭐 했어요?

B : 낮잠 잤어요.

1)

A : 주말에 뭐 했어요?

B : 친구하고 ______________________.

2)

A : 주말에 뭐 했어요?

B : 공원에서 ______________________.

3)

A : 주말에 뭐 했어요?

B : ______________________________.

4)

A : 주말에 뭐 했어요?

B : ______________________________.

5)

A : 주말에 뭐 했어요?

B : ______________________________.

문법과 표현 Grammar and Expression

1. V-(으)ㄹ까요?

연 습 1 다음과 같이 쓰세요.

Complete the table with the correct form of each verb.

가다	갈까요	산책하다	
마시다		운동하다	
만나다		먹다	
보다		앉다	
쉬다		읽다	
치다		입다	
타다		찍다	

연 습 2 그림을 보고 [보기]와 같이 대화를 완성하세요.

Look at the pictures and complete the dialogues as shown in the example.

[보기]

A : 같이 영화 볼까요?

B : 네, 좋아요.

1)

A : 같이 ______________________?

B : 네, 좋아요.

2)

A : ______________________?

B : 네, 좋아요.

3)

A : ______________________?

B : 네, 좋아요.

연 습 3 그림을 보고 [보기]와 같이 대화를 완성하세요.

Look at the pictures and complete the dialogues as shown in the example.

[보기]

A : 뭘 먹을까요?

B : 불고기를 먹어요.

1)

금요일

A : 언제 노래방에 ____________________?

B : ____________________.

2)

농구

A : 무슨 운동을 ____________________?

B : ____________________.

3)

소설책*

A : 무슨 책을 ____________________?

B : ____________________.

4)

학교 앞

A : 어디에서 ____________________?

B : ____________________.

소설책 novels

2. 'ㄷ' 불규칙

연 습 1 다음과 같이 쓰세요.
Complete the table with the correct forms of the verbs.

	걷다	듣다
–고	걷고	
–지만		
–습니다/ㅂ니다		
–아요/어요		들어요
–았어요/었어요		
–으세요/세요		
–을까요/ㄹ까요?		

연 습 2 알맞은 것을 고르세요.
Choose the correct form of the verb stems.

[보기] 나나 씨는 매일 한국 노래를 (듣 / (들))어요.

1) 김민수 씨는 매일 (걷 / 걸)습니다.

2) 우리 같이 (걷 / 걸)을까요?

3) 주말에는 공원에서 좀 (걷 / 걸)으세요.

4) 저는 학교에 (걷 / 걸)어서 와요.

5) 한국 뉴스를 매일 (듣 / 들)지만 아주 어려워요.

6) 어제 책을 읽고 음악*을 (듣 / 들)었어요.

7) 마리코 씨, 지금 무슨 음악을 (듣 / 들)습니까?

8) 여러분, 스티븐 씨 이야기*를 (듣 / 들)을까요?

연 습 3 그림을 보고 [보기]와 같이 대화를 완성하세요.

Look at the pictures and complete the dialogues as shown in the example.

[보기]

A : 지금 뭐 해요?

B : 음악을 들어요.

1)

A : 어제 뉴스를 ________________?

B : 네, ________________.

2)

A : 요즘 무슨 노래를 ________________?

B : 한국 노래를 ________________.

3)

A : 지금 뭐 해요?

B : 저는 ____________ 정우 씨는 공부해요.

4)

A : 우리 좀 ________________?

B : 네, 좋아요. 같이 ________________.

5)

A : 시간이 없어요. 빨리 오세요.

B : 너무 피곤해요. 천천히* ________________.

천천히 slowly

3. 이[그, 저] N

연 습 1 알맞은 것을 골라 대화를 완성하세요.
Complete the conversation with the appropriate demonstrative.

이	그	저

마리코 [이] 가게가 좋아요?

지 연 네, 과일이 아주 맛있어요.

아저씨, [ ] 사과 얼마예요?

주 인 하나에 1,500원이에요.

지 연 그럼 [ ] 딸기는 얼마예요?

주 인 7,000원이에요.

지 연 너무 비싸요.

주 인 비싸지만 맛있어요.

지 연 그럼 [ ] 키위는 얼마예요?

주 인 5개에 4,500원이에요.

지 연 그럼 사과 10개하고 키위 5개 주세요.

주 인 여기 있어요. 다음에 또 오세요.

연 습 2 그림을 보고 [보기]와 같이 대화를 완성하세요.

Look at the pictures and complete the dialogues as shown in the example.

[보기]

A : 이 책 은 얼마예요?

B : 15,000원이에요.

1)

A : ____________________에 갈까요?

B : 네, 좋아요.

2)

A : ____________________ 좀 보여 주세요.*

B : 여기 있어요.

3)

A : ____________________은 누구예요?

B : 스티븐 씨예요.

4)

A : ____________________ 볼까요?

B : 네, 좋아요.

연 습 3 친구와 이야기해 보세요.

Ask each other question and respond.

1) 어디에서 점심을 먹어요? 그 식당은 어디에 있어요?

2) 무슨 음식이 맛있어요? 그 음식은 얼마예요?

3) 오늘 같이 갈까요?

* 보여 주다 to show

4. A/V-네요

연 습 1 그림을 보고 [보기]와 같이 문장을 완성하세요.

Look at the pictures and create the sentences as shown in the example.

[보기]

날씨가 아주 춥네요.

1)

사람이 ______________________.

2)

______________________.

3)

______________________.

4)

______________________.

5)

______________________.

6)

______________________.

연 습 2 그림을 보고 [보기]와 같이 문장을 완성해 보세요.

Look at the pictures and create the sentences as shown in the example.

[보기]

아기*가 기타를 치네요.

1)

______________________.

2)

______________________.

3)

______________________.

4)

______________________.

연 습 3 그림을 보고 [보기]와 같이 문장을 완성해 보세요.

Look at the pictures and create the sentences as shown in the example.

[보기]

눈이 많이 왔네요.

1)

______________________.

2)

______________________.

3)

______________________.

4)

______________________.

*아기 baby

문형 연습 Pattern Practice

track 24

연 습 1

> [보기] 선생님 (T) 우리, 자전거 타다
> 학 생 (S) 우리 자전거 탈까요?

1. T 우리, 테니스 치다
   S ______________________________?
2. T 우리, 영화 보다
   S ______________________________?
3. T 우리, 여기 앉다
   S ______________________________?
4. T 우리, 좀 걷다
   S ______________________________?

연 습 2

> [보기] 선생님 (T) 뭘 할까요?
> 학 생 (S) (농구) 농구해요.

1. T 뭘 마실까요?
   S (커피) ______________________________.
2. T 언제 만날까요?
   S (수요일) ______________________________.
3. T 뭘 먹을까요?
   S (냉면) ______________________________.
4. T 뭘 들을까요?
   S (한국 노래) ______________________________.

연 습 3

> [보기] **선생님** (T) 무슨 영화를 볼까요?
> **학 생** (S) (이 영화) 이 영화를 봐요.

1. T 무슨 케이크를 먹을까요?
   S (이 케이크) ________________________________.
2. T 어디에 갈까요?
   S (저 공원) ________________________________.
3. T 뭘 들을까요?
   S (이 CD) ________________________________.
4. T 어디에서 커피를 마실까요?
   S (저 커피숍) ________________________________.

연 습 4

> [보기] **선생님** (T) 비가 와요.
> **학 생** (S) 비가 오네요.

1. T 사람이 많아요.
   S ________________________________.
2. T 방이 깨끗해요.
   S ________________________________.
3. T 날씨가 추워요.
   S ________________________________.
4. T 눈이 왔어요.
   S ________________________________.

복습 4

어휘와 문법 Vocabulary and Grammar

1. 정리하기

어휘

7과	눈이 오다 덥다 따뜻하다 맑다 비가 오다 시원하다 춥다 흐리다 계절 봄 여름 가을 겨울 가볍다 무겁다 쉽다 어렵다 맵다
8과	게임을 하다 골프를 치다 기타를 치다 농구를 하다 당구를 치다 스케이트를 타다 스키를 타다 자전거를 타다 축구를 하다 테니스를 치다 피아노를 치다 낮잠을 자다 노래방에 가다 등산(을) 하다 산책(을) 하다 여행(을) 하다 찜질방에 가다

문법

7과	'ㅂ' 불규칙	날씨가 아주 추**워**요. 시험이 아주 어려**웠**어요.
	A/V–지만	서울식당은 비싸**지만** 맛있어요. 어제 저는 학교에 갔**지만** 동생은 안 갔어요.
	A/V–습니다/ㅂ니다	날씨가 시원**합니다**. 비빔밥을 먹**습니다**.
	A/V–고	날씨가 춥**고** 눈이 옵니다. 마리코 씨는 커피숍에서 커피도 마시**고** 숙제도 합니다.
8과	V–(으)ㄹ까요?	노래방에 **갈까요**? – 네, 같이 가요. 뭘 먹**을까요**? – 비빔밥을 먹어요.
	'ㄷ' 불규칙	우리 같이 **걸**을까요? 라디오를 잘 **들**으세요.
	이[그, 저] N	**이** 가방 얼마예요? – **그** 가방은 3만원이에요. **저** 사람은 한국 가수예요.
	A/V–네요	음식이 어때요? – 정말 맛있**네요**. 비가 많이 오**네요**.

2. 확인하기

알아보기

A : 이름이 **뭐예요?**　B : 지연**이에요**.

A : 호주는 날씨가 **어때요?**　B : 여기는 맑고 **따뜻해요**.

A : 조금 쉴까요?　B : 네, 잠깐 **쉬어요**.

A : 이름이 **무엇입니까?**　B : 아키라**입니다**.

A : 날씨가 **어떻습니까?**　B : 오늘은 맑고 **따뜻합니다**.

A : 조금 쉴까요?　B : 네, 잠깐 **쉽시다**.

연습

알맞게 고쳐 쓰세요.

1. 오늘은 월요일이에요. → 오늘은 월요일입니다.
2. 여기가 어디예요? → 여기가 ______?
3. 이거는 책이 아니에요. → 이거는 ______.
4. 어제 뭘 먹었어요? → 어제 ______?
5. 방에 텔레비전이 없어요. → 방에 텔레비전이 ______.
6. 샤오밍은 친구하고 운동해요. → 샤오밍은 ______.
7. 가방이 아주 무거워요. → 가방이 아주 ______.
8. 날씨가 어때요? → 날씨가 ______?
9. 어제는 비가 왔어요. → 어제는 ______.
10. 켈리는 방에서 음악을 들어요. → 켈리는 방에서 ______.
11. A : 영화 볼까요?
    B : 네, 영화 봐요.
    → A : 영화를 볼까요?
    B : 네, ______.
12. A : 뭘 먹을까요?
    B : 김밥을 먹어요.
    → A : 무엇을 먹을까요?
    B : ______.

3. 평가하기

제한 시간 15분 | 내 점수 :   / 20

[1–5] 그림을 보고 (   )에 알맞은 것을 고르세요.

1. A : 주스가 어때요?
   B : (   ).

① 추워요
② 더워요
③ 따뜻해요
④ 시원해요

2. A : 날씨가 어때요?
   B : 눈이 (   ).

① 가요
② 와요
③ 해요
④ 있어요

3. A : 어제 뭐 했어요?
   B : (   )을 했어요.

① 산책
② 여행
③ 게임
④ 등산

4. A : 무슨 운동이 재미있어요?
   B : (   )가 재미있어요.

① 골프
② 농구
③ 축구
④ 테니스

5. A : 무슨 계절을 좋아해요?
   B : (   )을 좋아해요.

① 봄
② 여름
③ 가을
④ 겨울

[6-8] 밑줄 친 부분과 반대되는 뜻을 가진 것을 고르세요.

6. A : 그 책이 어려워요?
   B : 아니요, (   ).
   ① 매워요　② 좋아요　③ 많아요　④ 쉬워요

7. A : 일본은 요즘 날씨가 춥습니까?
   B : 아니요, (   ).
   ① 덥습니다　② 맑습니다　③ 가볍습니다　④ 무겁습니다

8. A : 날씨가 좋아요?
   B : 아니요, 날씨가 (   ).
   ① 맑아요　② 흐려요　③ 시원해요　④ 따뜻해요

[9-12] (   )에 알맞은 것을 고르세요.

9. A : 김치를 먹어요?
   B : 네, 좋아해요. 조금 (   ) 맛있어요.
   ① 맵고　② 매웠고　③ 맵지만　④ 매웠지만

10. A : 코트가 아주 좋네요.
    B : 네, (   ) 가벼워요.
    ① 따뜻하고　② 따뜻했고　③ 따뜻하지만　④ 따뜻했지만

11. A : 여기가 어디예요?
    B : 도서관이에요. (   )에는 책이 많이 있어요.
    ① 이거　② 이 도서관　③ 저거　④ 저 도서관

12. A : 오늘도 회사에 가요?
B : 아니요, 어제는 회사에 (　　　　　　) 오늘은 안 가요.
① 가고　　② 갔고　　③ 가지만　　④ 갔지만

[13–16] (　　　)에 알맞은 것을 고르세요.

13. A : 영화를 (　　　　　　)?
B : 네, 같이 봐요.
① 봤어요　　② 볼까요　　③ 보세요　　④ 봅니다

14. A : 와, 식당에 사람이 아주 (　　　　　　).
B : 네, 여기 음식이 맛있어요.
① 많네요　　② 많았네요　　③ 많습니까　　④ 많았습니까

15. A : 김수진 기자, 부산은 지금 날씨가 어떻습니까?
B : 비가 오고 (　　　　　　).
① 추워요　　② 추웠어요　　③ 춥습니다　　④ 추웠습니다

16. A : 뭘 먹을까요?
B : 케이크를 (　　　　　　).
① 먹어요　　② 먹습니다　　③ 먹었어요　　④ 먹습니까

[17–18] 다음을 읽고 물음에 답하세요.

A : 집에 (　㉠　) 가요?
B : 버스를 타요. 나나 씨도 버스를 타요?
A : 아니요, 저는 (　㉡　) 가요.
집이 가까워요.

17. ㉠에 알맞은 것을 고르세요.
① 뭐　　② 무슨　　③ 어디　　④ 어떻게

18. ㉡에 알맞은 것을 고르세요.
① 걷고　　② 걷지만　　③ 걸어서　　④ 걸어요

[19-20] 다음을 읽고 질문에 답하세요.

A : 주말에 뭐 했어요?
B : 공원에서 운동했어요.
A : 자전거를 (㉠)?
B : 아니요, 친구하고 같이 테니스를 (㉡).
나나 씨도 친구를 만났어요?
A : 아니요, 안 만났어요. 집에 혼자 있었어요. 재미없고 (㉢).

19. ㉠, ㉡에 각각 들어갈 말로 알맞은 것을 고르세요.
① 탔어요 - 쳤어요 ② 쳤어요 - 탔어요
③ 탔어요 - 했어요 ④ 했어요 - 쳤어요

20. ㉢에 알맞은 것을 고르세요.
① 깨끗했어요 ② 복잡했어요 ③ 시원했어요 ④ 심심했어요

발음 Pronunciation

1. 정리하기

1. 받침소리 [ㅂ]은 뒤에 'ㄴ, ㅁ'이 오면 [ㅁ]으로 발음됩니다.

   When the final consonant sound [ㅂ] is followed by a syllable beginning with 'ㄴ, ㅁ', [ㅂ] is pronounced as [ㅁ].

   예] 갑니다[감니다] / 먹습니다[먹씀니다] / 앞문[암문]

2. 청유문은 끝을 약간 올렸다가 내립니다.

   Propositive sentences rise slightly and then fall in intonation.

   예] A 나나 씨, 지금 어디에 가요?
   B 극장에 가요.

   A 우리 어디에 갈까요?
   B 극장에 가요.

2. 평가하기

track 25

[1–5] 잘 듣고 소리와 글자가 다른 곳에 표시하세요.

[보기] [어디에 감니까?] → 어디에 갑니까?

1. 마리아 씨는 의사입니다.
2. 어디에서 차를 마십니까?
3. 오늘 파리는 비가 옵니다.
4. 다시 만나서 정말 반갑네요.
5. 여기에 연습 문제 삼 번을 쓰세요.

[6–10] 잘 듣고 평서문에는 ↘(A)를, 청유문에는 ⤻(B)를 쓰세요.

[보기]
커피를 마셔요. → 커피를 마셔요. (↘)
커피를 마셔요. → 커피를 마셔요. (⤻)

6. 명동에 가요. (　　)
7. 이 영화를 봐요. (　　)
8. 비빔밥을 먹어요. (　　)
9. 주말에 또 만나요. (　　)
10. 한강에서 자전거를 타요. (　　)

듣기 Listening

track 26　　내 점수 :　　/ 20

[1–3]　잘 듣고 알맞은 것을 고르세요.

1. 날씨가 (　　　　).

① 좋아요　② 주어요　③ 추어요　④ 추워요

2. 주말에 좀 (　　　　).

① 사셨어요　② 쉬었어요　③ 쉬웠어요　④ 시원해요

3. (　　　　) 또 올까요?

① 남산에　② 다음에　③ 마음에　④ 요즘에

[4–8]　잘 듣고 알맞은 대답을 고르세요.

4. ①　②　③　④

5. ①　②　③　④

6. ①　②　③　④

7. ①　②　③　④

8. ①　②　③　④

[9–10] 여기는 어디입니까? 잘 듣고 알맞은 것을 고르세요.

9. ① 극장 ② 시장 ③ 식당 ④ 커피숍

10. ① 교실 ② 공원 ③ 도서관 ④ 백화점

[11–12] 무엇에 대해 이야기합니까? 잘 듣고 알맞은 것을 고르세요.

11. ① 날씨 ② 요일 ③ 음식 ④ 가게

12. ① 공부 ② 숙제 ③ 주말 ④ 친구

[13–15] 다음 대화를 듣고 알맞은 그림을 고르세요.

13.

①

②

③

④

14.

①

②

③

④

15.

①

②

③

④

[16-20] 잘 듣고 대화 내용과 같은 것을 고르세요.

16. ① 떡볶이가 안 매워요.
② 떡볶이가 맛이 없어요.
③ 여자는 떡볶이를 좋아해요.
④ 남자는 떡볶이를 안 먹어요.

17. ① 남자와 여자는 차를 마셔요.
② 여자는 여기에 자주 왔어요.
③ 인사동은 항상 사람이 없어요.
④ 남자와 여자는 그릇을 구경해요.

18. ① 여자는 농구를 좋아해요.
② 여자는 축구를 자주 했어요.
③ 남자는 주말에 농구와 축구를 해요.
④ 남자는 이번 주말에 여자와 테니스를 쳐요.

19. ① 남자는 여자하고 노래방에 가요.
② 남자는 오늘 오후에 노래방에 가요.
③ 여자는 다음에 남자 친구를 만나요.
④ 여자와 남자는 오늘 같이 밥을 먹어요.

20. ① 여자의 고향은 비가 자주 안 와요.
② 여자의 고향은 겨울에 아주 추워요.
③ 여자는 한국에서 눈을 처음 봤어요.
④ 여자는 남자와 함께 사진을 찍었어요.

읽기와 쓰기 Reading and Writing

제한 시간 20분 | 내 점수 : / 20

[1–2] 다음을 읽고 관계있는 것을 고르세요.

1. 농구

① 
② 
③ 
④ 

2. 등산

① 
② 
③ 
④ 

[3–5] ( )에 들어갈 가장 알맞은 말을 고르세요.

3. 여름입니다. 날씨가 ( ).

① 춥습니다 ② 덥습니다 ③ 복잡합니다 ④ 눈이 옵니다

4. 일요일이에요. 집에서 ( ).

① 산책해요 ② 등산해요 ③ 여행해요 ④ 낮잠을 자요

5. 김치를 안 먹어요. 김치가 ( ).

① 매워요 ② 가벼워요 ③ 복잡해요 ④ 어려워요

[6-7] 무엇에 대한 이야기입니까? 알맞은 것을 고르세요.

6. 저는 금요일에 테니스를 칩니다. 그리고 자전거를 탑니다.

① 차　　② 운동　　③ 주말　　④ 공부

7. 어제는 눈이 왔습니다. 오늘은 춥지만 눈이 안 옵니다.

① 주말　　② 음식　　③ 날씨　　④ 여행

[8-9] 다음을 읽고 맞지 않는 것을 고르세요.

8.

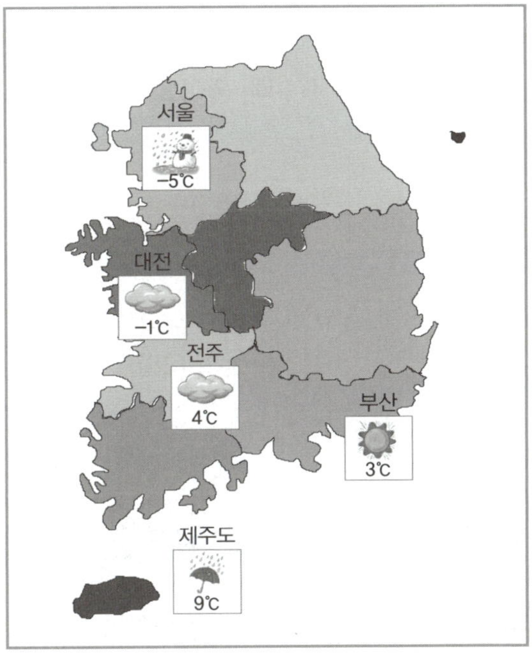

① 서울은 날씨가 춥습니다.
② 대전은 눈이 안 옵니다.
③ 부산은 날씨가 덥습니다.
④ 제주도는 비가 오고 시원합니다.

9.

월	화	수	목	금	토	일
 30℃	 27℃	 24℃	 28℃	 25℃	 20℃	 19℃

① 월요일에는 날씨가 덥습니다.　　② 수요일에는 날씨가 흐립니다.
③ 주말에는 비가 옵니다.　　④ 지금은 겨울입니다.

[10–11] [보기]와 같이 순서에 맞게 문장을 만드세요.

[보기] 아닙니다, 학생, 나는, 이 → 나는 학생이 아닙니다.

10. 옵니다, 미국은, 비, 요즘, 가

→ ______________________________.

11. 식당, 맛있어요, 저, 비싸지만, 은,

→ ______________________________.

[12–13] 그림을 보고 알맞은 말을 쓰세요.

12.

A : 같이 ______________?

B : 네, 좋아요.

13.

A : 오늘은 ______________?

B : 눈이 옵니다.

[14–16] 알맞은 것을 골라 [보기]와 같이 두 문장을 한 문장으로 만드세요.

-고 지만

[보기] 책을 읽습니다. 숙제를 합니다. → 책을 읽고 숙제를 합니다.

14. 한국어가 재미있습니다. 한국어가 어렵습니다.

→ ______________________________.

15. 음악을 들어요. 텔레비전을 봐요.

→ ______________________________.

16. 어제는 비가 왔어요. 오늘은 안 와요.

→ ______________________________.

[17-18] 다음을 읽고 맞는 것을 고르세요.

우리 집 옆에는 찜질방이 있습니다. 거기에는 방이 많이 있습니다. 방 안에는 사람이 많습니다. 사람들은 거기에서 낮잠을 자고 책도 읽습니다. 그리고 식혜도 마십니다. 식혜는 (㉠) 맛있습니다. 찜질방에는 아이스방도 있습니다. 아이스방은 아주 춥습니다. 요즘 우리 한국어 반 친구들은 찜질방에 자주 갑니다. 우리는 외국 사람이지만 한국의 찜질방이 좋습니다.

17. ㉠에 들어갈 알맞은 말을 고르세요.

① 덥고 ② 춥고 ③ 복잡하고 ④ 시원하고

18. 이 글의 내용과 같은 것을 고르세요.

① 우리 집에는 방이 많이 있습니다.
② 사람들은 찜질방에서 식혜를 마십니다.
③ 찜질방의 방들은 모두 따뜻합니다.
④ 외국 사람은 한국의 찜질방을 안 좋아합니다.

[19-20] 다음을 읽고 맞으면 O, 틀리면 X 하세요.

저는 니콜이에요. 캐나다에서 왔어요. 저는 한국에서 영어를 가르쳐요. 지금 한국은 겨울이에요. 날씨가 아주 추워요. 한국 사람들은 호빵을 많이 먹어요. 저는 지난겨울에 한국에서 호빵을 처음 먹었어요. 호빵은 따뜻하고 맛있어요. 그래서 요즘 저는 매일 호빵을 먹어요. 캐나다 겨울도 춥고 눈이 많이 와요. 캐나다 사람들은 겨울에 아이들하고 같이 메이플 테피 사탕을 만들어요. 이 사탕은 눈 위에서 만들어요. 조금 춥지만 아주 재미있고 사탕도 맛있어요. 그래서 캐나다 사람들은 메이플 테피 사탕을 아주 좋아해요.

19. 한국 사람들은 겨울에 호빵을 많이 먹습니다. ( )
20. 메이플 테피 사탕은 따뜻하고 맛있습니다. ( )

[21] **질문을 잘 읽고 200~300자로 글을 쓰세요.**

요즘 날씨가 어떻습니까? 여러분도 한국의 계절 음식을 먹습니까? 여러분 나라에도 계절 음식이 있습니까? 그 음식은 어떻습니까? 쓰세요.

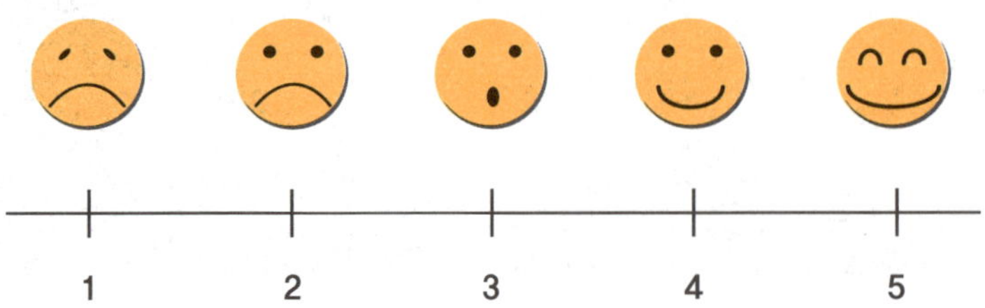

말하기 Speaking

[1] 그림을 보고 이야기를 만들어 보세요.

[2] 친구와 이야기해 보세요.

오늘은 날씨가 좋습니다. 주말에 친구와 등산을 하거나 한강에서 자전거를 타고 싶습니다. 친구에게 이야기해 보세요.

The weather is nice today. You would like to go for a hike or a bicycle ride by the Han River with your friend on the weekend. Ask your friend to go along.

다음 주에 시험이 있습니다. 한국어 공부가 어렵습니다. 주말에 친구와 같이 도서관에서 공부를 하고 싶습니다. 친구에게 이야기해 보세요.

You have an exam next week. Studying Korean is difficult. You would like to study with your friend at the library on the weekend. Ask your friend to study together.

Memo

활동지 Activity Sheets

한글 배우기 자음 (2) 연습 2

p.26

친구의 말을 잘 듣고 가게 이름을 쓰세요.
Write what you hear.

[활동지 B]

Phone Note		Phone Note	
1. ☐☐ & ☐ 881-0414		6. 포도 마트 2011-0818	
2. ☐☐ ☐☐ 764-1981	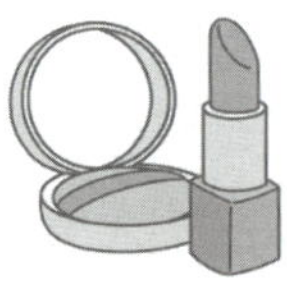	7. 토마토 피자 765-0104	
3. ☐☐ ☐☐ 2320-1260		8. 도토리 커피 228-1303	
4. ☐☐ ☐☐☐ 805-0323		9. 도쿄 스시 423-7603	
5. ☐☐☐ ☐☐ 775-1106		10. 나비 피아노 516-0330	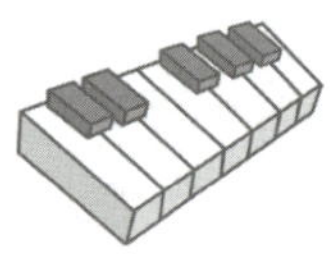

2. 이거는[그거는, 저거는] N이에요/예요 연습 2

p.59

활동지 A, B를 보고 이야기해 보세요.
Using activity sheets A & B, ask each other questions and respond as shown in the example.

[활동지 B]

[보기]

1) 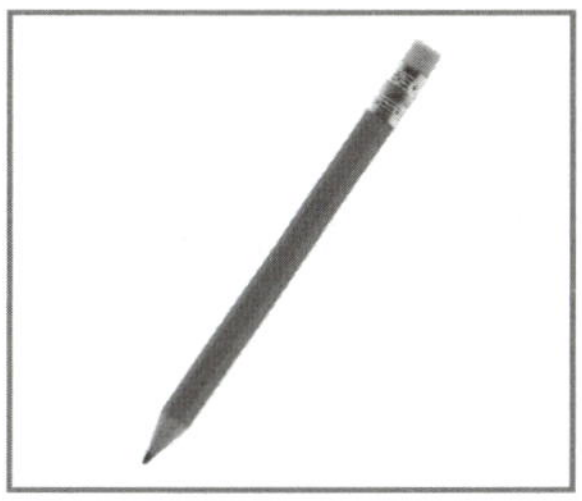

2) 

3) 

4) 

듣기 지문 Listening Scripts

한글 배우기

[한글 1]

1. 모음 (1) _연습 1 track 02 p.18

1. 1) 아 2) 우 3) 오 4) 으
2. 1) 오 2) 아우 3) 오이 4) 이 5) 아이
3. 1) 오 2) 으 3) 우 4) 아우 5) 오이

2. 자음 (1) _연습 1 track 03 p.19

1. 1) 보기 2) 소 3) 나리 4) 머리
2. 1) 지도 2) 바지 3) 어머니 4) 가수 5) 지하
3. 1) 오리 2) 어느 3) 거기 4) 부부 5) 오수 6) 허리 7) 모자 8) 도로 9) 수리 10) 하나 11) 자기 12) 나비 13) 지하 14) 나무 15) 하마
4. 1) 모 2) 기 3) 더 4) 누 5) 스 6) 하 7) 주 8) 보 9) 러 10) 으 11) 서 12) 지 13) 호 14) 무 15) 느 16) 바

[한글 2]

1. 모음 (2) _연습 1 track 04 p.23

1. 1) 야 2) 요 3) 유 4) 여
2. 1) 이야기 2) 요리 3) 유리 4) 여우 5) 교수 6) 요가
3. 1) 야구 2) 여자 3) 우유 4) 요리 5) 휴지 6) 마셔요

모음 (2) _연습 2 track 05 p.24

아이 → 여우 → 야구 → 여자 → 혀 → 유리 → 우유→ 묘지 → 요가 → 바지 → 우리 → 나라 → 효자 → 라디오 → 고기 → 교가 → 벼루

2. 자음 (2) _연습 1 track 06 p.25

1. 1) 코 2) 타조 3) 보도 4) 자
2. 1) 고추 2) 카드 3) 토마토 4) 파리 5) 치마 6) 커피
3. 1) 키 2) 벼 3) 차 4) 도기 5) 포도 6) 기차
4. 1) 코 2) 우표 3) 차 4) 파도 5) 코트 6) 커피

3. 자음 (3) _연습 1 track 07 p. 27

1. 1) 고리 2) 뼈 3) 사다 4) 짜다
2. 1) 까치 2) 머리띠 3) 찌다 4) 쓰다 5) 코끼리
3. 1) 뼈 2) 꼬리 3) 부리 4) 싸다 5) 자다
4. 1) 머리띠 2) 아저씨 3) 꼬리 4) 아빠 5) 짜다

자음 (3) _연습 2 track 08 p.28

1) 포도 2) 기차 3) 뿌리 4) 꼬리 5) 벼 6) 비 7) 싸다 8) 짜다 9) 차 10) 토끼

[한글 3]

1. 모음 (3) _연습 1 track 09 p.31

1. 1) 애 2) 예 3) 와 4) 위 5) 외
2. 1) 과자 2) 웨이터 3) 더워요 4) 회사 5) 서예 6) 귀
3. 1) 개미 2) 얘기 3) 세수 4) 사고 5) 왜 6) 회사 7) 무 8) 시다 9) 쥐 10) 이사
4. 1) 예쁘다 2) 쉬다 3) 사과 4) 뭐 5) 의자 6) 추워요

2. 받침 _연습 1 track 10 p.33

1. 1) 공 2) 삼 3) 문 4) 밖 5) 술
2. 1) 가방 2) 책 3) 무릎 4) 발 5) 엄마
3. 1) 벽 2) 밤 3) 부엌 4) 산 5) 낮 6) 꽃 7) 밑 8) 발 9) 숲 10) 방
4. 1) 레몬 2) 남자 3) 딸기 4) 신문 5) 연필 6) 우산 7) 컴퓨터 8) 냉장고

복습 1

[발음]

track 13 p.72

[1–5]

1. 켈리는 호주 사람이에요.
2. 아키라는 회사원이에요?
3. 마이클은 기자예요.
4. 이거는 연필이에요?
5. 우산이 있어요?

[6–10]

[보기]	① [뭐에요]	② [뭐예요]
6.	① [기자에요]	② [기자예요]
7.	① [의시예요]	② [의사에요]
8.	① [시겨]	② [시게]
9.	① [게란]	② [겨란]
10.	① [페]	② [폐]

[듣기]

track 14 p.73

1. (차)가 있어요?
2. (오이)가 아니에요.
3. 이거는 (의자)예요.

4. ① 여 : 안녕하세요?
남 : 안녕히 가세요.
② 여 : 안녕하세요?
남 : 안녕히 계세요.
③ 여 : 안녕하세요?
남 : 안녕히 주무세요.
④ 여 : 안녕하세요?
남 : 만나서 반가워요.

5. ① 남 : 어서 오세요.
여 : 어서 가세요.
② 남 : 어서 오세요.
여 : 어서 드세요.
③ 남 : 어서 오세요.
여 : 교통 카드 있어요?
④ 남 : 어서 오세요.
여 : 교통 카드가 아니에요.

6. ① 여 : 미국 사람이에요?
남 : 네, 미국이에요.
② 여 : 미국 사람이에요?
남 : 아니요, 영국이에요.
③ 여 : 미국 사람이에요?
남 : 네, 영국 사람이에요.
④ 여 : 미국 사람이에요?
남 아니요, 미국 사람이 아니에요.

7. ① 남 : 이거는 뭐예요?
여 : 네, 한국어 책이에요.
② 남 : 이거는 뭐예요?
여 : 저거는 한국어 책이에요.
③ 남 : 이거는 뭐예요?
여 : 이거는 한국어 책이에요.
④ 남 : 이거는 뭐예요?
여 : 아니요, 한국어 책이 아니에요.

8. ① 여 : 나나 씨는 학생이에요?
남 : 네, 학생이에요.
② 여 : 나나 씨는 학생이에요?
남 : 아니요, 학생이 있어요.
③ 여 : 나나 씨는 학생이에요?
남 : 네, 선생님이에요.
④ 여 : 나나 씨는 학생이에요?
남 : 아니요, 선생님이 아니에요.

9. ① 남 : 신문이 있어요?
여 : 네, 신문이에요.
② 남 : 신문이 있어요?
여 : 아니요, 신문이 없어요.
③ 남 : 신문이 있어요?
여 : 네, 신문이 없어요.
④ 남 : 신문이 있어요?
여 : 아니요, 신문이 아니에요.

10. ① 여 : 공책 주세요.
남 : 네, 여기예요.
② 여 : 공책 주세요.
남 : 아니요, 여기 없어요.

③ 여 : 공책 주세요.
남 : 네, 여기 있어요.
④ 여 : 공책 주세요.
남 : 아니요, 여기가 아니에요.

11. 남 : 방이 있어요?
여 : 네, 있어요.
12. 여 : 컴퓨터 잡지 주세요.
남 : 네, 여기 있어요.
13. 남 : 이거는 우산이에요?
여 : 아니요. 우산이 아니에요. 양산이에요.

14. 여 : 책상이 있어요?
남 : 네, 있어요.
여 : 그럼 침대 있어요?
남 : 아니요, 침대는 없어요.
15. 여 : 이거는 뭐예요?
남 : 나나 씨 휴대폰이에요.
여 : 저거는 뭐예요?
남 : 저거는 유진 씨 가방이에요.

16. 여 : 학생이에요?
남 : 아니요. 회사원이에요.
여 : 일본 사람이에요?
남 : 네, 일본에서 왔어요.
17. 남 : 룸메이트가 있어요?
여 : 네, 있어요.
남 : 한국 사람이에요?
여 : 아니요, 영국 사람이에요.
18. 여 : 만나서 반갑습니다, 마이클 씨.
마이클 씨는 미국 사람입니까?
남 : 아니요, 미국 사람이 아닙니다. 캐나다 사람입니다.
여 : 직업은 무엇입니까?
남 : 저는 영어 선생님입니다.
19. 남 : 한국신문 있어요?
여 : 네, 있어요.
남 : 그럼 한국신문하고 영어 잡지 주세요.
여 : 영어 잡지는 없어요.
20. 여 : 이거는 스티븐 씨 가방이에요?
남 : 네, 제 가방이에요.
여 : 책이 있어요?
남 : 아니요, 책은 없어요. 사전하고 휴대폰이 있어요.

복습 2

[발음]

track 17 p.118

[1-6]

[보기] ① [선생니미에요] ② [선생님이에요]

1. ① [도낄] ② [도길]
2. ① [일본어] ② [일보너]
3. ① [이써요] ② [이더요]
4. ① [머꺼요] ② [머거요]
5. ① [오슬] ② [오들]
6. ① [지베서] ② [지페서]

[7-12]

[보기] ① [학생] ② [학쌩]

7. ① [식땅] ② [시당]
8. ① [학꾜] ② [하쿄]
9. ① [야국] ② [약꾹]
10. ① [책상] ② [책쌍]
11. ① [한국싸람] ② [한국사람]
12. ① [수체해요] ② [숙쩨해요]

[듣기]

track 18 p.119

1. (식당)이에요.
2. 스티븐은 (자요).
3. (공항)에 가요.

4. ① 남 : 공부해요?
여 : 네, 공부해요.
② 남 : 공부해요?
여 : 아니요, 공부예요.
③ 남 : 공부해요?
여 : 네, 공부 안 해요.
④ 남 : 공부해요?
여 : 아니요, 공부가 아니에요.

5. ① 여 : 여기가 어디예요?
   남 : 인사동이에요.
   ② 여 : 여기가 어디예요?
   남 : 인사동에 가요.
   ③ 여 : 여기가 어디예요?
   남 : 네, 인사동이에요.
   ④ 여 : 여기가 어디예요?
   남 : 아니요, 인사동이 아니에요.
6. ① 남 : 집에서 뭐 해요?
   여 : 책이에요.
   ② 남 : 집에서 뭐 해요?
   여 : 책을 읽어요.
   ③ 남 : 집에서 뭐 해요?
   여 : 책이 있어요.
   ④ 남 : 집에서 뭐 해요?
   여 : 책을 안 읽어요.
7. ① 여 : 모자가 어디에 있어요?
   남 : 네, 있어요.
   ② 여 : 모자가 어디에 있어요?
   남 : 아니요, 없어요.
   ③ 여 : 모자가 어디에 있어요?
   남 : 의자 아래에 없어요.
   ④ 여 : 모자가 어디에 있어요?
   남 : 의자 위에 있어요.
8. ① 남 : 어디에서 친구를 만나요?
   여 : 커피숍에 와요.
   ② 남 : 어디에서 친구를 만나요?
   여 : 커피숍에 안 가요.
   ③ 남 : 어디에서 친구를 만나요?
   여 : 커피숍에서 만나요.
   ④ 남 : 어디에서 친구를 만나요?
   여 : 커피숍이 아니에요.

9. 여기에는 커피하고 케이크가 있어요. 켈리는 여기에서 커피를 마셔요. 그리고 친구를 만나요.
10. 여기에는 책상하고 의자가 있어요. 그리고 책상 앞에는 칠판이 있어요. 히엔하고 나나는 여기에서 한국어를 배워요.
11. 여기에는 책이 있어요. 마리코는 여기에서 한국어-일본어 사전을 사요.
12. 유진은 오늘 여기에 가요. 여기에서 쇼핑해요. 모자하고 옷을 구경해요. 그리고 옷을 사요.

13. 여 : 어디에 가요?
    남 : 대사관에 가요.
    여 : 대사관이 어디에 있어요?
    남 : 은행 뒤에 있어요.
14. 여 : 우산이 없어요?
    남 : 있어요.
    여 : 어디에 있어요?
    남 : 가방 안에 있어요.
15. 여 : 지금 뭐 해요? 텔레비전 봐요?
    남 : 아니요, 숙제해요.
    여 : 그럼 도서관에 있어요?
    남 : 아니요, 집에서 숙제해요.

16. 여 : 오늘 뭐 해요?
    남 : 극장에 가요. 극장에서 영화를 봐요.
    여 : 한국 영화를 봐요?
    남 : 아니요. 프랑스 영화를 봐요.
17. 남 : 어서 오세요.
    여 : 네, 카메라 있어요?
    남 : 아, 카메라요? 카메라는 저기 컴퓨터 가게 옆에 있어요.
    여 : 그래요? 그럼 그거는 뭐예요?
    남 : 아, 이거요? 이거는 카메라가 아니에요. 휴대폰이에요.
18. 여 : 오늘 태권도를 배워요?
    남 : 아니요, 안 배워요.
    오늘은 아르바이트가 있어요.
    여 : 어디에서 아르바이트를 해요?
    남 : 커피숍에서 해요.
19. 여 : 지금 어디에 가요?
    남 : 공항에 가요. 오늘 중국 친구가 한국에 와요.
    여 : 친구가 학생이에요?
    남 : 아니요, 학생이 아니에요. 중국 회사에서 일해요.
20. 여 : 여기가 서울공원이에요?

남 : 네, 서울공원이에요.
여 : 매일 여기에 와요?
남 : 네, 매일 여기에서 운동해요.
집이 공원 뒤에 있어요.

복습 3

[발음]

track 21 p.164

[1–4]

[보기]	① [시보]	② [십오]
1.	① [시빌]	② [시비]
2.	① [시뉵]	② [심뉵]
3.	① [이십꾸]	② [이십쿠]
4.	① [이시빌]	② [이시비]

[5–8]

5. 시월 이십육 일 6. 십일월 삼십 일
7. 십이월 십사 일 8. 삼월 십일 일

[9–12]

[보기]	① [조아해요]	② [조하해요]
9.	① [마나요]	② [만하요]
10.	① [조하요]	② [조아요]
11.	① [괜차아요]	② [괜차나요]
12.	① [실허해요]	② [시러해요]

[듣기]

track 22 p.165

1. 오늘은 (월요일)이에요.
2. 책을 (보세요).
3. 이거 두 (잔) 주세요.

4. ① 남 : 오늘이 며칠이에요?
여 : 화요일이에요.
② 남 : 오늘이 며칠이에요?
여 : 주말이에요.
③ 남 : 오늘이 며칠이에요?
여 : 오월 삼 일이에요.
④ 남 : 오늘이 며칠이에요?
여 : 오늘이 생일이에요.

5. ① 여 : 주말에 뭐 했어요?
남 : 청소해요.
② 여 : 주말에 뭐 했어요?
남 : 한국어를 공부해요.
③ 여 : 주말에 뭐 했어요?
남 : 친구를 만났어요.
④ 여 : 주말에 뭐 했어요?
남 : 주말에는 복잡해요.

6. ① 남 : 사과는 얼마예요?
여 : 네, 사과예요.
② 남 : 사과는 얼마예요?
여 : 너무 비싸요.
③ 남 : 사과는 얼마예요?
여 : 오천 원이에요.
④ 남 : 사과는 얼마예요?
여 : 바나나 옆에 있어요.

7. ① 여 : 뭐가 맛있어요?
남 : 비빔밥이 싸요.
② 여 : 뭐가 맛있어요?
남 : 비빔밥이 비싸요.
③ 여 : 뭐가 맛있어요?
남 : 비빔밥이 싫어요.
④ 여 : 뭐가 맛있어요?
남 : 비빔밥이 맛있어요.

8. ① 남 : 메뉴 좀 주세요.
여 : 여기 있어요.
② 남 : 메뉴 좀 주세요.
여 : 돈을 주세요.
③ 남 : 메뉴 좀 주세요.
여 : 어서 오세요.
④ 남 : 메뉴 좀 주세요.
여 : 메뉴를 사세요.

9. 남 : 여기요. 냉면 네 그릇 주세요.
여 : 네, 잠깐만 기다리세요.

10. 남 : 무슨 책이 재미있어요?
여 : 이 책을 보세요. 사람들이 아주 좋아해요.
남 : 그럼 그거 한 권 주세요.

11. 남 : 선생님, 오늘 숙제가 있어요?
여 : 네, 있어요.
남 : 숙제가 뭐예요?
여 : 연습책 십오 페이지를 공책에 쓰세요.

12. 남 : 남자 옷이 몇 층에 있어요?
여 : 오 층에 있어요.
남 : 오 층에 여자 옷도 있어요?
여 : 아니요, 여자 옷은 아래층에 있어요.

13. 남 : 어제 뭐 했어요?
여 : 친구를 만났어요.
남 : 친구하고 뭐 했어요?
여 : 영화를 보고 밥을 먹었어요.

14. 여 : 아저씨, 이거 얼마예요?
남 : 구두요? 삼만 원입니다.
여 : 그럼 운동화는 얼마예요?
남 : 이만 오천 원입니다.

15. 여 : 아저씨, 사과 한 개에 얼마예요?
남 : 이천 원이에요.
여 : 와, 너무 비싸요.
남 : 그럼 오렌지를 사세요. 오렌지는 천원이에요.
여 : 네 , 그럼 오렌지 세 개 주세요.

16. 남 : 주말에 뭐 했어요?
여 : 룸메이트하고 같이 쇼핑했어요.
남 : 아, 룸메이트가 있어요? 어느 나라 사람이에요?
여 : 호주 사람이에요.
남 : 그래요? 룸메이트도 회사원이에요?
여 : 아니요, 영어 선생님이에요.
학교에서 영어를 가르쳐요.

17. 남 : 어서 오세요.
여 : 딸기 주스 있어요?
남 : 딸기 주스는 없고, 오렌지 주스가 있어요.
여 : 그럼 오렌지 주스 한 잔 주세요.

18. 여 : 어제 뭐 했어요?
남 : 도서관에 갔어요.
여 : 일요일에도 공부했어요?
남 : 네, 내일 시험이 있어요.

19. 여 : 지금 어디에 가요?
남 : 학교에 가요.
여 : 학교에서 뭐 해요?
남 : 태권도를 배워요.
여 : 무슨 요일에 태권도를 배워요.
남 : 수요일하고 금요일에 태권도를 배워요.

20. 여 : 줄리앙 씨, 어제 뭐 먹었어요?
남 : 김치찌개를 먹었어요.
여 : 어느 식당에 갔어요?
남 : 아, 식당에 안 갔어요. 내가 요리했어요.
여 : 그래요? 맛있었어요?
남 : 네. 괜찮았어요. 저는 김치찌개를 아주 좋아해요.

복습 4

[발음]

track 25 p.210

[1–5]

[보기] 어디에 갑니까?

1. 마리아 씨는 의사입니다
2. 어디에서 차를 마십니까?
3. 오늘 파리는 비가 옵니다.
4. 다시 만나서 정말 반갑네요.
5. 여기에 연습 문제 삼 번을 쓰세요.

[6–10]

[보기] 커피를 마셔요.(평서문) 커피를 마셔요.(청유문)

6. 명동에 가요.(청유문)
7. 이 영화를 봐요.(청유문)
8. 비빔밥을 먹어요.(평서문)
9. 주말에 또 만나요.(청유문)
10. 한강에서 자전거를 타요.(평서문)

[듣기]

track 26 p.211

1. 날씨가 (좋아요).
2. 주말에 좀 (쉬었어요).
3. (다음에) 또 올까요?

4. ① 남 : 시험이 어땠어요?
   여 : 시험을 봤어요.
   ② 남 : 시험이 어땠어요?
   여 : 좀 어려웠어요.
   ③ 남 : 시험이 어땠어요?
   여 : 공부를 많이 했어요.
   ④ 남 : 시험이 어땠어요?
   여 : 시험을 보고 잤어요.

5. ① 여 : 이 식당 음식 정말 맛있네요.
   남 : 네, 그래서 요즘 자주 와요.
   ② 여 : 이 식당 음식 정말 맛있네요.
   남 : 아니요, 학생 식당에 가요.
   ③ 여 : 이 식당 음식 정말 맛있네요.
   남 : 네, 값은 싸지만 맛은 없네요.
   ④ 여 : 이 식당 음식 정말 맛있네요.
   남 : 아니요, 저는 집에서 밥을 먹어요.

6. ① 남 : 밥 먹고 뭐 할까요?
   여 : 영화 볼까요?
   ② 남 : 밥 먹고 뭐 할까요?
   여 : 갈비탕 먹을까요?
   ③ 남 : 밥 먹고 뭐 할까요?
   여 : 커피도 마셨어요.
   ④ 남 : 밥 먹고 뭐 할까요?
   여 : 음식이 너무 비싸요.

7. ① 여 : 베이징도 요즘 날씨가 추워요?
   남 : 네, 안 추워요.
   ② 여 : 베이징도 요즘 날씨가 추워요?
   남 : 아니요, 눈이 안 와요.
   ③ 여 : 베이징도 요즘 날씨가 추워요?
   남 : 네, 춥고 눈도 많이 와요.
   ④ 여 : 베이징도 요즘 날씨가 추워요?
   남 : 아니요, 춥지만 스키를 타요.

8. ① 남 : 한국 노래를 많이 들어요?
   여 : 네, 한국 노래가 정말 좋아요.
   ② 남 : 한국 노래를 많이 들어요?
   여 : 아니요, 노래방에는 안 가요.
   ③ 남 : 한국 노래를 많이 들어요?
   여 : 네, 집에서 텔레비전을 봐요.
   ④ 남 : 한국 노래를 많이 들어요?
   여 : 아니요, 한국 뉴스는 안 들어요.

9. 남 : 아주머니, 이게 맛있어요, 저게 맛있어요?
   여 : 좀 비싸지만 이 사과가 맛있어요. 이거 사세요.
   남 : 네, 그럼 이거 다섯 개 주세요.

10. 남 : 여기 자전거가 있네요. 우리 자전거 탈까요?
   여 : 저는 조금 피곤해요.
   남 : 그래요? 그럼 좀 쉴까요?
   여 : 네. 저기 나무 밑에 의자가 있네요. 우리 저기 앉아요.

11. 남 : 뭘 먹을까요?
   여 : 여기는 냉면이 시원하고 맛있어요.
   남 : 그런데 저, 어제 냉면을 먹었어요.
   여 : 그래요? 그럼 우리 갈비탕 먹어요.

12. 남 : 한국어 공부 정말 어렵네요.
   여 : 네, 정말 그래요. 우리 내일 도서관에서 같이 공부할까요?
   남 : 좋아요. 한국어 책도 읽고 시험공부도 같이 해요.

13. 여 : 부산은 오늘 날씨가 어때요?
   남 : 더워요.
   여 : 그래요? 비도 와요?
   남 : 네. 비도 많이 와요.

문제) 부산은 오늘 날씨가 어떻습니까?

14. 여 1 : 어, 이 영화는 표가 없네요.
   여 2 : 요즘 사람들이 이 영화를 많이 봐요.
   여 1 : 그럼, 우리 저 영화 볼까요?
   여 2 : 글쎄요. 우리 영화는 다음에 보고 커피 마셔요.
   여 1 : 그래요. 커피도 마시고 케이크도 먹어요.

문제) 두 사람은 지금 어디에 있습니까?

15. 여 : 주말에 스키장에 갈까요?
   남 : 날씨가 너무 추워요. 거기는 눈도 많이 와요.
   여 : 그럼 백화점에 갈까요?
   남 : 지난 주말에도 쇼핑했어요. 명동에서 가방도 사고 옷도 샀어요.
   여 : 그럼 뭘 할까요?

남 : 집에서 쉬어요. 낮잠도 자고.

여 : 그래요. 그럼.

문제) 여자는 이번 주말에 무엇을 합니까?

16\. 여 : 우리 떡볶이 먹을까요?

남 : 떡볶이 좋아해요?

여 : 네, 아주 좋아해요.

남 : 안 매워요?

여 : 좀 맵지만 정말 맛있어요.

남 : 좋아요. 그럼 떡볶이 먹어요.

17\. 남 : 여기가 인사동이에요.

여 : 와, 정말 사람이 많네요.

남 : 네, 여기는 항상 사람이 많아요.

여 : 저기 찻집이 있네요. 저기에서 차를 마실까요?

남 : 저기는 찻집이 아니에요. 그릇 가게예요.

여 : 아, 그래요? 그럼 우리 그릇 구경 좀 해요.

남 : 좋아요.

18\. 여 : 무슨 운동을 좋아해요?

남 : 농구도 좋아하고 축구도 좋아해요.

여 : 그래요? 그럼 운동을 자주 해요?

남 : 그럼요. 친구하고 같이 농구도 하고 주말에는 테니스도 쳐요.

여 : 테니스요? 저도 테니스를 좋아해요.

남 : 그래요? 그럼 이번 주말에 같이 테니스 쳐요.

여 : 네, 좋아요.

19\. 남 : 오늘 수업 끝나고 뭐 해요?
우리 같이 노래방에 갈까요? 스티븐 씨도 가고 줄리앙 씨도 가요.

여 : 미안하지만 오늘은 남자 친구하고 약속이 있어요.

남 : 그래요? 그럼 다음에 같이 가요.

여 : 네. 다음에는 밥도 같이 먹어요.

20\. 남 : 히엔 씨 고향은 날씨가 어때요?

여 : 더워요. 여름에는 아주 덥고 비도 자주 와요.

남 : 겨울은 없어요?

여 : 아니요. 겨울이 있지만 춥지 않아요. 그래서 눈은 안 와요.

남 : 그럼 한국에서 눈을 처음 봤어요?

여 : 네. 그래서 사진도 많이 찍었어요.
정말 재미있었어요.

모범 답안 Answer Key

한글배우기

한글 1

1. 모음 (1)

연습 1 p.18

1. 1) × 2) ○ 3) ○ 4) ×
2.

아이	오이	오	우
(5)	(3)	(1)	( )
아우	어이	이	
(2)	( )	(4)	

3. 1) ② 2) ① 3) ① 4) ① 5) ②

2. 자음 (1)

연습 1 p.19

1. 1) × 2) ○ 3) × 4) ○
2.

가수	나라	바지	어머니
(4)	( )	(2)	(3)
지도	허리	지하	머리
(1)	( )	(5)	( )

3. 1) ① 2) ① 3) ② 4) ① 5) ② 6) ② 7) ①
8) ① 9) ② 10) ② 11) ② 12) ① 13) ①
14) ① 15) ②
4.

1) 모	2) 기	3) 더	4) 누
5) 스	6) 하	7) 주	8) 보
9) 러	10) 으	11) 서	12) 지
13) 호	14) 무	15) 느	16) 바

연습 2 p.20

오	너	구	다	르
버	모	두	지	호
스	아	너	가	으
우	허	리	비	수
지	도	서	우	미

한글 2

1. 모음 (2)

연습 1 p.23

1. 1) ○ 2) × 3) × 4) ×
2. 1) ② 2) ② 3) ② 4) ② 5) ① 6) ①
3. 1) 야구 2) 여자
3) 우유 4) 요리
5) 휴지 6) 마셔요

연습 2 p.24

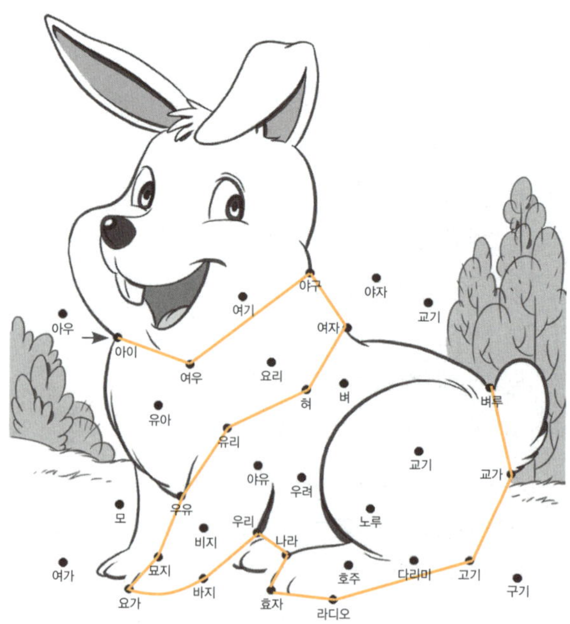

2. 자음 (2)

연습 1 p.25

1. 1) ○ 2) ○ 3) × 4) ×

2.

키	고추	코트	토마토
( )	(1)	( )	(3)
파리	치마	커피	타조
(4)	(5)	(6)	( )
카드	기차표	포도	차
(2)	( )	( )	( )

3. 1) ② 2) ① 3) ② 4) ① 5) ② 6) ②

4. 1) 코 2) 우 표 3) 차
4) 파 도 5) 코 트 6) 커 피

연습 2 p.26

[활동지]

Phone Note		Phone Note	
1. 쿠키 & 차 881-0414		6. 포도 마트 2011-0818	
2. 아이 피부 764-1981		7. 토마토 피자 765-0104	
3. 키즈 나라 2320-1260		8. 도토리 커피 228-1303	
4. 지하 사우나 805-0323		9. 도쿄 스시 423-7603	
5. 코리아 슈퍼 775-1106		10. 나비 피아노 516-0330	

3. 자음 (3)

연습 1 p.27

1. 1) X 2) O 3) X 4) O

2.

머리띠	까치	아저씨	뿌리
(2)	(1)	( )	( )
쓰다	아빠	코끼리	찌다
(4)	( )	(5)	(3)
따다			
( )			

3. 1) ② 2) ② 3) ① 4) ② 5) ①

4. 1) 머 리 띠 2) 아 저 씨
3) 꼬 리 4) 아 빠 5) 짜 다

연습 2 p.28

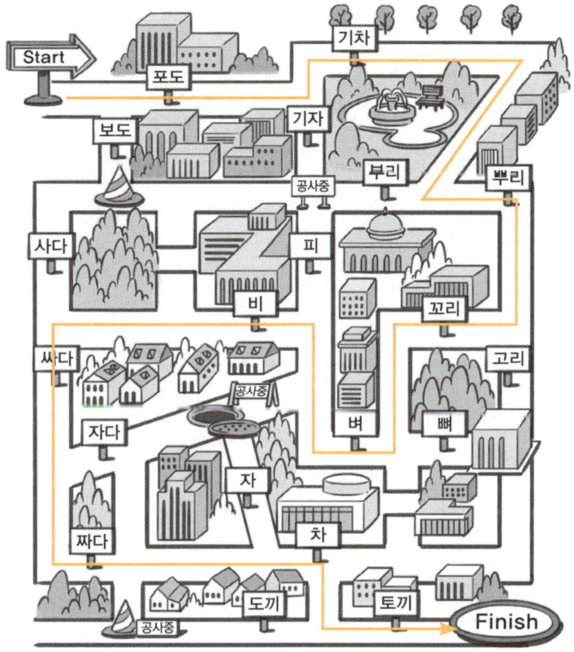

한글 3

1. 모음 (3)

연습 1 p.31

1. 1) ○ 2) ○ 3) × 4) ○ 5) ×

2.

의사	새	귀	회사
( )	( )	(6)	(4)
웨이터	서예	과자	더워요
(2)	(5)	(1)	(3)

3. 1) ① 2) ① 3) ① 4) ② 5) ① 6) ① 7) ②
8) ② 9) ① 10) ②

4. 1) 예 쁘 다 2) 쉬 다
3) 사 과 4) 뭐
5) 의 자 6) 추 워 요

연습 2

p.32

카	메	라	쇠	고	기	차
드	회	의	디	추	더	쓰
의	사	스	서	오	워	세
과	자	웨	예	리	요	요
웨	이	터	다	쁘	가	위
화	세	개	리	쉬	다	바
가	수	파	미	돼	지	하

2. 받침

연습 1

p.33

1. 1) O 2) X 3) O 4) O 5) X

2.

물	발	엄마	가방
( )	(4)	(5)	(1)
책	무릎	밥	얼마
(2)	(3)	( )	( )

3. 1) ① 2) ① 3) ② 4) ① 5) ② 6) ② 7) ② 8) ① 9) ② 10) ②

4. 1) 레 몬 2) 남 자 3) 딸 기 4) 신 문 5) 연 필 6) 우 산 7) 컴 퓨 터 8) 냉 장 고

연습 2

p.34

1) 옷 → 옻 (• 옥 • 옻)

2) 박 → 밖 (• 밖 • 밤)

3) 있다 → 잇다 (• 잇다 • 입다)

4) 낮 → 낫 (• 날 • 낫)

5) 숱 → 숯 (• 숯 • 술)

6) 집 → 짚 (• 짐 • 짚)

7) 잎 → 입 (• 입 • 일)

1과 안녕하세요

어휘

p.40

연습 1 ① 미국 ② 영국 ③ 독일 ④ 중국 ⑤ 호주 ⑥ 한국 ⑦ 일본

연습 2 1) ② 2) ④ 3) ① 4) ③

연습 3 1) 호주 사람 2) 영국 사람 3) 독일 사람 4) 일본 사람 5) 중국 사람 6) 프랑스 사람

문법과 표현

1. 인사말

p.42

연습 1 1) 안녕하세요 2) 안녕히 계세요 3) 만나서 반가워요 4) 만나서 반갑습니다

연습 2 1) A : 안녕하세요? B : 안녕하세요?

2) A : (만나서) 반가워요. B : (만나서) 반가워요.

3) A : 안녕히 가세요. B : 안녕히 가세요.

4) A : 안녕히 계세요. B : 안녕히 가세요.

2. N은/는 N이에요/예요

p.44

연습 1 1) 는 2) 은 3) 는 4) 은 5) 는

연습 2 2) 예요 3) 이에요 4) 예요 5) 이에요 6) 예요

연습 3 1) 선생님이에요 2) 민수는 회사원이에요 3) 마이클은 기자예요 4) 카말은 인도 사람이에요 5) 저스틴은 가수예요 6) 알렉스는 군인이에요

연습 4 1) B : ↘

2) A : ↗ B : ↘

3) A : ↘ B : ↗ A : ↘

3. N입니까?, N입니다

p.46

연습 1 1) 입니다 2) 입니다 3) 입니까 4)입니다 5) 입니까 6) 입니까

연습 2 1) A : 의사입니까 B : 의사입니다
2) A : 회사원입니까 B : 회사원입니다
3) A : 기자입니까 B : 기자입니다
4) A : 요리사입니까 B : 요리사입니다
5) A : 가수입니까 B : 가수입니다

연습 3 2) 이에요 3) 입니다 4) 입니다
5) 예요 6) 입니다

연습 4 3) 네, 저는 군인입니다
4) 알렉스 씨는 어느 나라 사람입니까
5) 저는 미국 사람입니다

4. N이/가 아닙니다

p.48

연습 1 3) 이 4) 가 5) 이 6) 이 7) 이 8) 가

연습 2 1) 저는 한국 사람이 아닙니다
2) 줄리앙은 독일 사람이 아닙니다
3) 나오미는 가수가 아닙니다
4) 캐롤은 군인이 아닙니다
5) 톰은 요리사가 아닙니다

연습 3 1) 러시아 사람이 아닙니다
2) 호주 사람이 아닙니다
3) 인도 사람이 아닙니다
4) 선생님이 아닙니다
5) 기자가 아닙니다

문형 연습

p.50

연습 1 1. 안녕히 계세요
2. 안녕히 가세요
3. 만나서 반가워요
4. 만나서 반갑습니다

연습 2 1. 저는 켈리예요
2. 저는 스티븐이에요
3. 카말은 요리사예요
4. 줄리앙은 프랑스 사람이에요

연습 3 1. 네, 마리코 씨는 일본 사람입니다
2. 네, 줄리앙 씨는 프랑스 사람입니다
3. 네, 니콜 씨는 선생님입니다
4. 네, 알렉스 씨는 군인입니다

연습 4 1. 아니요, 중국 사람이 아닙니다. 일본 사람입니다
2. 아니요, 캐나다 사람이 아닙니다. 호주 사람입니다
3. 아니요, 요리사가 아닙니다. 의사입니다
4. 아니요, 기자가 아닙니다. 학생입니다

2과 이거는 뭐예요?

어휘

p.54

연습 1 1)

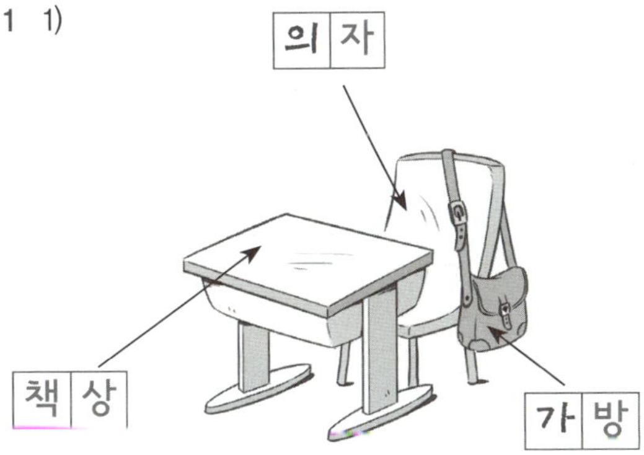

2)

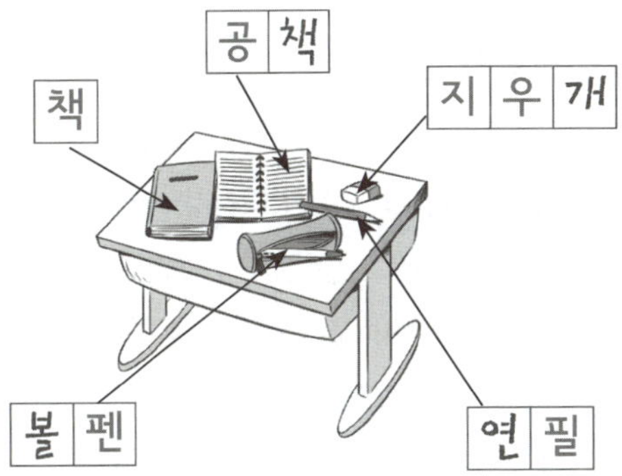

연습 2

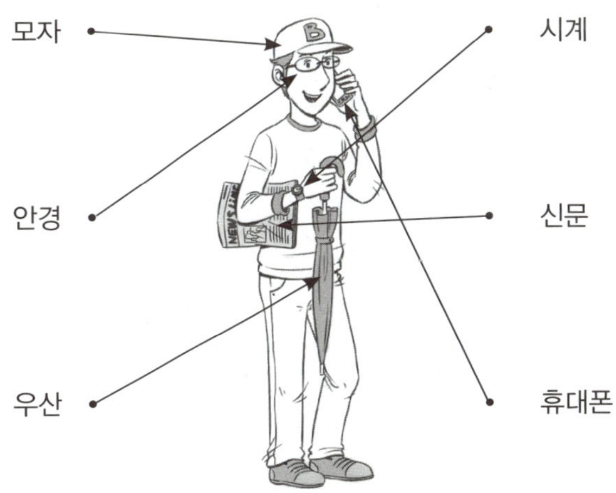

연습 3 1) A : 우산 B : 우산이에요
2) A : 연필 B : 연필이에요
3) A : 휴대폰 B : 휴대폰이에요
4) A : 카메라 B : 카메라예요
5) A : 시계 B : 시계예요
6) A : 모자 B : 모자예요

연습 4

공	가	방	시	다
안	책	계	연	필
경	상	지	볼	통
신	사	우	펜	모
문	전	개	의	자

문법과 표현

1. N이/가 있어요[없어요] p.56

연습 1 2) 이 3) 가 4) 이 5) 가 6) 가

연습 2 1) A : 볼펜이 있어요 B : 있어요
2) A : 공책이 있어요 B : 없어요
3) A : 지우개가 있어요 B : 없어요
4) A : 휴대폰이 있어요 B : 있어요

연습 3 1) A : 지우개 있어요?
B : 네, 있어요. / 아니요, 없어요.
2) A : 전자사전 있어요?
B : 네, 있어요. / 아니요, 없어요.
3) A : 볼펜 있어요?
B : 네, 있어요. / 아니요, 없어요.
4) A : 신문 있어요?
B : 네, 있어요. / 아니요, 없어요.
5) A : 우산 있어요?
B : 네, 있어요. / 아니요, 없어요.

2. 이거는[그거는, 저거는] N이에요/예요 p.58

연습 1 2) (저거는) 볼펜이에요
3) 시계예요
4) 네, (저거는) 휴대폰이에요
5) 사전이에요
6) 아니요, (저거는) 연필이에요
7) A : 저거는 안경이에요 B : 네, (저거는) 안경이에요
8) A : 이거는 카메라예요 B : 네, 카메라예요

연습 2 1) 이거 연필이에요? – 네, 연필이에요.
/ 이거 볼펜이에요? – 아니요, 연필이에요.
2) 이거 카메라예요? – 네, 카메라예요.
/ 이거 전자사전이에요? – 아니요, 카메라예요.
3) 이거 가방이에요? – 네, 가방이에요.
4) 이거 안경이에요? – 아니요, 선글라스예요.
/ 이거 선글라스예요? – 네, 선글라스예요.

3. N 주세요 p.60

연습 1 1) 연필 주세요. 2) 공책 주세요. 3) 가방 주세요.
4) 카메라 주세요.

연습 2 1) 코트 좀 주세요. 2) 휴지 좀 주세요.
3) 물 좀 주세요. 4) 안경 좀 주세요.

연습 3 1) 우산 주세요. 2) 신문 주세요.

4. N하고 N, N과/와 N p.62

연습 1 2) 신문하고 볼펜 3) 우산하고 모자 4) 공책하고 연필 5) 시계하고 카메라 6) 사전하고 잡지

연습 2 2) 과 3) 와 4) 과 5) 와 6) 와

연습 3 1) 커피하고 콜라, 가 2) 신문하고 우산, 이
3) 과자하고 초콜릿, 이

연습 4 1) 는 2) 하고 3) 는, 이 4) 는 5) 하고 6) 가

문형 연습 p.64

연습 1 1. 볼펜이 있어요
2. 카메라가 없어요
3. 휴대폰이 있어요
4. 우산이 없어요

연습 2 1. 이거는 모자예요
2. 저거는 시계예요
3. 저거는 가방이에요
4. 그거는 책상이에요

연습 3 1. 지우개하고 연필 주세요
2. 커피하고 우유 주세요
3. 볼펜하고 공책 주세요
4. 우산하고 휴지 주세요

연습 4 1. 신문하고 잡지가 있어요
2. 시계하고 안경이 있어요
3. 물하고 주스가 있어요
4. 휴대폰하고 카메라가 있어요

복습 1 어휘와 문법

2. 확인하기 p.67

1. 이에요 2. 있어요 3. 이에요 4. 예요
5. 있어요 6. 아니에요 7. 없어요 8. 있어요, 이에요

3. 평가하기 p.68

1. ② 2. ③ 3. ① 4. ③ 5. ④ 6. ① 7. ②
8. ② 9. ① 10. ④ 11. ③ 12. ② 13. ④ 14. ③
15. ④ 16. ② 17. ④ 18. ① 19. ③ 20. ②

복습 1 발음

2. 평가하기 p.72

1. 켈리는 호주 사람이에요[.]
2. 아키라는 회사원이에요[?]
3. 마이클은 기자예요[.]
4. 이거는 연필이에요[?]
5. 우산이 있어요[?]
6. ② 7. ① 8. ② 9. ① 10. ①

복습 1 듣기 p.73

1. ③ 2. ② 3. ② 4. ④ 5. ③ 6. ④ 7. ③
8. ① 9. ② 10. ③ 11. ② 12. ③ 13. ① 14. ③
15. ④ 16. ③ 17. ④ 18. ① 19. ① 20. ④

복습 1 읽기와 쓰기 p.76

1. ③ 2. ① 3. ② 4. ④ 5. ③
6. 물하고 휴지 주세요. / 물과 휴지 주세요.
7. 책하고 휴대폰이 있어요. / 책과 휴대폰이 있어요.
8. 안녕히 계세요.
9. (저는) 독일 사람입니다.
10. 그거는 뭐예요?
11. 아니요, 없어요.
12. 연필하고 지우개 주세요.
13. 지연씨는 학생이에요?
14. 아니요, 카메라가 아니에요.
15. 오렌지 주스 주세요.
16. ○ 17. × 18. ○ 19. × 20. ○

3과 한국어를 공부해요

어휘 p.86

연습 1 2) ① 3) ② 4) ④ 5) ⑥ 6) ⑦ 7) ⑧ 8) ⑤
연습 2 1) 공부 2) 일 3) 운동
연습 3 1) 도서관 2) 극장 3) 시장 4) 학교 5) 식당
6) 회사

문법과 표현

1. V-아요/어요 p.88

연습 1

ㅏ, ㅗ	-아요	
만나다	만나요	만나타 + -아요 ⇒ 만나요
사다	사요	
자다	자요	
보다	봐요	
앉다*	앉아요	
하다	해요	
공부하다	공부해요	하타 ⇒ 해요
일하다	일해요	
운동하다	운동해요	
ㅓ, ㅜ, ㅣ…	-어요	
먹다	먹어요	먹타 + -어요 ⇒ 먹어요
읽다	읽어요	
마시다	마셔요	
가르치다*	가르쳐요	
배우다	배워요	

연습 2 1) 읽어요 2) 마셔요 3) 봐요 4) 만나요
5) 먹어요 6) 배워요

2. N을/를 p.90

연습 1 2) 을 3) 을 4) 를 5) 를 6) 을
연습 2 1) 가방을 2) 신문을 3) 친구를 4) 초콜릿을
5) 태권도를

연습 3 1) A : 밥을 먹어요, 먹어요 B : 피자를 먹어요
2) A : 책을 읽어요, 읽어요 B : 신문을 읽어요
3) A : 한국어를 배워요, 배워요 B : 영어를 배워요
4) A : 옷을 사요, 사요 B : 모자를 사요
5) A : 영화를 봐요, 봐요 B : 텔레비전을 봐요

3. N에서

p.92

연습 1 2) 에서 3) 에서 4) 에서 5) 에서

연습 2 1) 회사에서 일해요 2) 도서관에서 책을 읽어요
3) 시장에서 모자를 사요 4) 식당에서 밥을 먹어요

연습 3 1) A : 옷을 사요 B : 남대문시장에서 옷을 사요
2) A : 운동을 해요/운동해요
B : 보라매 공원에서 운동해요
3) A : 영화를 봐요 B : 시네마 극장에서 영화를 봐요
4) A : 친구를 만나요 B : 강남역에서 친구를 만나요

연습 4 2) 는 3) 을 4) 에서, 를 5) 은, 에서, 을

4. 안 V

p.94

연습 1

만나다	안 만나요	먹다	안 먹어요	공부하다	공부 안 해요
사다	안 사요	배우다	안 배워요	운동하다	운동 안 해요
보다	안 봐요	마시다	안 마셔요	일하다	일 안 해요
자다	안 자요	읽다	안 읽어요	전화하다	전화 안 해요

연습 2 1) 공부 안 해요 2) 커피를 안 마셔요
3) 아르바이트 안 해요
4) 한국어를 공부해요, 한국어를 공부 안 해요

연습 3 1) 책을 안 읽어요, 신문을 읽어요
2) 공부 안 해요, 자요
3) 영어를 안 배워요, 일본어를 배워요
4) 극장에서 영화를 안 봐요, 집에서 봐요

문형 연습

p.96

연습 1 1. 친구를 만나요
2. 한국어를 공부해요
3. 책을 읽어요
4. 커피를 마셔요

연습 2 1. 가방을 사요
2. 텔레비전을 봐요
3. 빵을 먹어요
4. 우유를 마셔요

연습 3 1. 시장에서 옷을 사요
2. 극장에서 영화를 봐요
3. 도서관에서 책을 읽어요
4. 커피숍에서 커피를 마셔요

연습 4 1. 아니요, 안 만나요
2. 아니요, 안 사요
3. 아니요, 안 배워요
4. 아니요, 운동 안 해요

4과 어디에 있어요?

어휘

p.100

연습 1

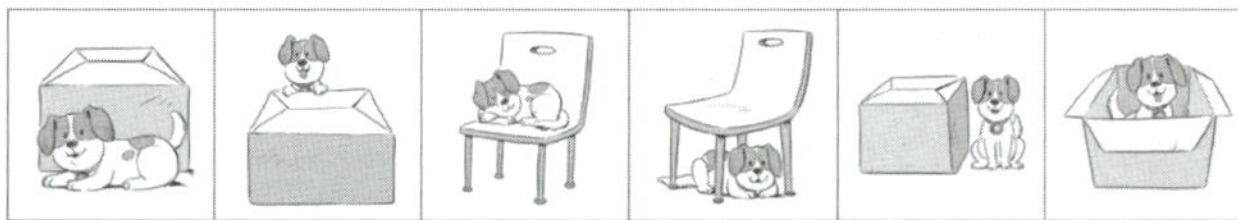

앞	뒤	위	아래	옆	안

연습 2 1) 위 2) 옆 3) 옆 4) 안 5) 아래 / 밑
6) 뒤 7) 앞

연습 3

→ ① ② ③ ④ ⑤ ⑥ ⑦ ⑧

↓ ⓐ ⓑ ⓒ ⓓ ⓔ ⓕ ⓖ

■	■	ⓐ약	■	■	ⓑ도	■
①ⓒ우	체	국	■	■	서	■
산	■	■	②대	사	관	■
■	③ⓓ공	항	■	■	■	ⓔ극
④병	원	■	■	■	⑤ⓕ시	장
■	■	■	ⓖ회	■	계	■
⑥은	행	■	⑦사	전	■	⑧집

② 대사관 ③ 공항 ④ 병원 ⑤ 시장 ⑥ 은행
⑦ 사전 ⑧ 집
ⓐ 약국 ⓑ 도서관 ⓒ 우산 ⓓ 공원 ⓔ 극장
ⓕ 시계 ⓖ 회사

문법과 표현

1. 여기가 N이에요/예요 p.102

연습 1 2) 미용실, 이에요 3) (옷)가게, 예요
4) 대사관, 이에요 5) 회사, 예요 6) 학교, 예요

연습 2 1) 여기가 N서울타워예요. 2) 여기가 청계천이에요.
3) 여기가 인사동이에요.

연습 3 1) 네, 우체국이에요 2) 아니요, 가게예요
3) 네, 미용실이에요 4) 아니요, 병원이에요
5) 아니요, 은행이에요

2. N에 있어요[없어요] p.104

연습 1 1) A : 어디에 있어요 B : 공항에 있어요
2) A : 어디에 있어요 B : 우체국에 있어요
3) A : 어디에 있어요 B : 은행에 있어요
4) A : 미용실에 있어요 B : 미용실에 있어요
5) A : 방에 있어요 B : 방에 없어요
6) A : 집에 있어요 B : 집에 없어요
7) A : 회사에 있어요 B : 회사에 없어요

연습 2 1) 명동에는 백화점이 있어요
2) N서울타워에는 식당이 있어요
3) 인사동에는 가게하고 찻집이 있어요
4) 대학로에는 공원하고 극장이 있어요

연습 3 1) 이에요 2) 있어요 3) 있어요 4) 이에요
5) 있어요

3. N에 가요[와요] p.106

연습 1 1) 와요 2) 가요 3) 가요 4) 와요

연습 2 1) 정우 씨는 어디에 가요? – 공항에 가요.
2) 아키라 씨는 어디에 가요? – 병원에 가요.
3) 히엔 씨는 어디에 가요? – 가게에 가요.
4) 켈리 씨는 어디에 가요? – 대사관에 가요.
5) 줄리앙 씨는 어디에 가요? – 미용실에 가요.

연습 3 1) 병원에 안 가요, 약국에 가요
2) 우체국에 안 가요, 은행에 가요
3) 백화점에 안 가요, 시장에 가요
4) 공항에 안 가요, 대사관에 가요

연습 4 1) 에 2) 에서 3) 에 4) 에서 5) 에 6) 에서

4. N 앞[뒤, 옆] p.108

연습 1 1) ① 2) ③ 3) ② 4) ③

연습 1 1) 병원 옆에 있어요
2) 도서관 앞에 있어요
3) 식당 옆에 있어요
4) 회사 뒤에 있어요

연습 3 1) A : 앞에 뭐가 있어요
B : 집 앞에는 가게가 있어요
2) A : 옆에 뭐가 있어요
B : 공원 옆에는 극장이 있어요
3) A : 옆에 뭐가 있어요
B : 책상 옆에는 침대가 있어요
4) A : 위에 뭐가 있어요
B : 침대 위에는 책하고 휴대폰이 있어요

문형 연습 p.110

연습 1 1. 네, 여기가 서울대학교예요
2. 네, 여기가 명동이에요
3. 네, 여기가 대학로예요
4. 네, 여기가 인사동이에요

연습 2 1. 네, 집에 있어요
2. 아니요, 학교에 없어요
3. 네, 회사에 있어요
4. 아니요, 한국에 없어요

연습 3 1. 은행에 가요
2. 병원에 가요
3. 가게에 가요
4. 미용실에 가요

연습 4 1. 우체국 앞에 있어요
2. 백화점 옆에 있어요
3. 극장 뒤에 있어요
4. 공원 옆에 있어요

복습 2 어휘와 문법

2. 확인하기 p.113

2. 에 3. 가 4. 에서, 을 5. 은, 에 6. 에서, 를
7. 는, 에서, 를, 8. 은, 에서, 를

3. 평가하기

p.114

1. ② 2. ③ 3. ② 4. ② 5. ③ 6. ④ 7. ①
8. ④ 9. ③ 10. ③ 11. ④ 12. ④ 13. ② 14. ④
15. ④ 16. ③ 17. ④ 18. ② 19. ③ 20. ①

복습 2 발음

2. 평가하기

p.118

1. ② 2. ② 3. ① 4. ② 5. ① 6. ① 7. ①
8. ① 9. ② 10. ② 11. ① 12. ②

복습 2 듣기

p.119

1. ② 2. ③ 3. ④ 4. ① 5. ① 6. ② 7. ④ 8. ③
9. ④ 10. ② 11. ① 12. ③ 13. ③ 14. ② 15. ①
16. ④ 17. ③ 18. ③ 19. ① 20. ④

복습 2 읽기와 쓰기

p.122

1. ② 2. ② 3. ② 4. ① 5. ③ 6. ①
7. 유진 씨는 백화점에서 옷을 안 사요
8. 스티븐은 가게와 은행에 가요
9. 가방은 의자 아래에 없어요
10. 방에는 텔레비전과 컴퓨터가 있어요
11. 켈리는 병원에 가요
12. 샤오밍은 도서관에서 책을 읽어요
13. 여기가 인사동이에요
14. 오렌지 주스를 안 마셔요
15. 어디에서 태권도를 배워요
16. 회사가 어디에 있어요
17. ○ 18. × 19. ○ 20. ○

5과 주말에 친구를 만났어요

어휘

p.132

연습 1

Sunday	Monday	Tuesday	Wednesday	Thursday	Friday	Saturday
		1	2	3	4	5
		일	이	삼	사	오
6	7	8	9	10	11	12
육	칠	팔	구	십	십일	십이
13	14	15	16	17	18	19
십삼	십사	십오	십육	십칠	십팔	십구
20	21	22	23	24	25	26
이십	이십일	이십이	이십삼	이십사	이십오	이십육
27	28	29	30	31		
이십칠	이십팔	이십구	삼십	삼십일		

연습 2 1) 오늘은 화요일이에요.
2) 오늘은 금요일이에요.
3) 오늘은 토요일이에요.
4) 오늘은 일요일이에요.

연습 3 1) 삼 2) 이 3) 팔 4) 십육

문법과 표현

1. 날짜와 요일

p.134

연습 1 1) 일월 십팔 일이에요.
2) 이월 이십삼 일이에요.
3) 삼월 삼십 일이에요.
4) 사월 이 일이에요.
5) 오월 십사 일이에요.
6) 유월 육 일이에요.
7) 칠월 십오 일이에요.
8) 팔월 이십육 일이에요.
9) 구월 이십일 일이에요.
10) 시월 십 일이에요.
11) 십일월 구 일이에요.
12) 십이월 이십팔 일이에요.

연습 2 1) 이월 십사 일이에요
2) 팔월 이십팔 일이에요
3) 구월 이십이 일이에요
4) 십일월 십일 일이에요

연습 3 1) B : 삼월 팔 일이에요, B : 월요일이에요
2) B : 유월 십삼 일이에요, B : 화요일이에요
3) B : 칠월 삼십일 일이에요, B : 목요일이에요
4) B : 시월 이십사 일이에요, B : 일요일이에요

2. N에

p.136

연습 1 1) 월요일에 한국어를 공부해요
2) 십이월 칠 일에 영화를 봐요

3) 십이월 이십구 일에 친구를 만나요
4) 십이월 이십사 일에 백화점에서 쇼핑해요
5) 십이월 십일 일에 운동해요
6) 목요일에 태권도를 배워요

연습 2 1) B : 일월 일 일에는 집에서 쉬어요
2) B : 십이월 이십오 일에는 파티에 가요
3) A : 토요일에 도서관에 가요.
B : 토요일에는 영화를 봐요
4) A : 목요일에 친구를 만나요.
B : 목요일에는 공부해요

연습 3 1) 에 2) X 3) 에 4) 에 5) X 6) 에 7) X

3. V-았/었-

p.138

연습 1

ㅏ, ㅗ	-았어요	
만나다	만났어요	만나다 + -았어요 ⇒ 만났어요
사다	샀어요	
자다	잤어요	
보다	봤어요	
오다	왔어요	
하다	**했어요**	
공부하다	공부했어요	하다 ⇒ 했어요
일하다	일했어요	
운동하다	운동했어요	
구경하다	구경했어요	
사랑하다	사랑했어요	
샤워하다*	샤워했어요	
ㅓ, ㅜ, ㅣ…	-었어요	
먹다	먹었어요	먹다 + -었어요 ⇒ 먹었어요
읽다	읽었어요	
마시다	마셨어요	
가르치다	가르쳤어요	
배우다	배웠어요	
주다	줬어요	
쉬다	쉬었어요	

연습 2 1) 어제 극장에서 영화를 봤어요.
오늘 극장에서 영화를 봐요
2) 어제 식당에서 밥을 먹었어요.
오늘 식당에서 밥을 먹어요
3) 어제 학교에서 영어를 가르쳤어요.
오늘 학교에서 영어를 가르쳐요
4) 어제 공원에서 운동했어요.
오늘 공원에서 운동해요

연습 3 1) B : 운동했어요 B : 쉬어요
2) B : 공부했어요 B : 텔레비전을 봐요
3) A : 뭐 했어요
B : 도서관에서 책을 읽었어요
A : 뭐 해요
B : 집에 가요
4) A : 뭐 했어요
B : 친구를 만났어요
A : 뭐 해요
B : 숙제를 해요

4. V-고

p.140

연습 1

	-고		-고
가다	가고	산책하다*	산책하고
마시다	마시고	쇼핑하다	쇼핑하고
만나다	만나고	하다	하고
보다	보고	먹다	먹고
오다	오고	읽다	읽고

연습 2 1) 쇼핑하 2) 숙제를 하 3) 운동하고 물을 마셔요
4) 텔레비전을 보고 샤워해요
5) 태권도를 배우고 친구를 만나요

연습 3 1) 어제 밥을 먹고 커피를 마시고 운동했어요
2) 어제 한국어를 배우고 카메라를 사고 연극을 봤어요
3) 어제 일하고 책을 읽고 텔레비전을 봤어요

문형 연습

p.142

연습 1 1. 팔월 십오 일이에요
2. 시월 십육 일이에요

3. 월요일이에요

4. 목요일이에요

연습 2 1. 일요일에 친구를 만나요

2. 월요일에 태권도를 배워요

3. 수요일에 아르바이트해요

4. 금요일에 병원에 가요

연습 3 1. 친구를 만났어요

2. 영화를 봤어요

3. 한국어를 공부했어요

4. 차를 마셨어요

연습 4 1. 영화를 보고 옷을 샀어요

2. 차를 마시고 노래방에 갔어요

3. 운동하고 샤워했어요

4. 밥을 먹고 텔레비전을 봤어요

6과 얼마예요?

어휘

p.146

연습 1 1) 비빔밥 2) 불고기 3) 샌드위치 4) 라면
5) 김치 6) 냉면 7) 갈비탕 8) 김밥 9) 피자

연습 2 1) ② 2) ④ 3) ① 4) ③

연습 3 1) 저거는 김치찌개예요

2) 햄버거를 먹었어요

3) 스파게티를 먹었어요

4) (이거는) 사과 주스예요

5) 딸기하고 수박을 샀어요

연습 4

1	일	★	하나	6	육	★★★★★★	여섯
2	이	★★	둘	7	칠	★★★★★★★	일곱
3	삼	★★★	셋	8	팔	★★★★★★★★	여덟
4	사	★★★★	넷	9	구	★★★★★★★★★	아홉
5	오	★★★★★	다섯	10	십	★★★★★★★★★★	열

문법과 표현

1. V-(으)세요

p.148

연습 1

	-세요		-으세요
가다	가세요	앉다	앉으세요
기다리다	기다리세요	웃다*	웃으세요
보다	보세요	읽다	읽으세요
쉬다	쉬세요	입다*	입으세요
운동하다	운동하세요	찍다	찍으세요

연습 2 1) 사세요 2) 읽으세요 3) 타세요
4) 주세요, 기다리세요

연습 3 1) 병원에 가세요 2) 여기 앉으세요 3) 쉬세요 / 집에 가세요 4) 웃으세요 5) 숙제를 하세요

2. N 개[병, 잔, 그릇]

p.150

연습 1 2) ② 3) ③ 4) ① 5) ① 6) ③ 7) ② 8) ①
9) ④

연습 2 1) 한 그릇 2) 네 잔 3) 두 개 4) 다섯 개
5) 세 그릇 6) 여섯 병

연습 3 1) 콜라 네 병, 녹차 두 잔

2) 샌드위치 한 개, 주스 두 잔

3) 비빔밥 세 그릇, 물 세 잔

4) 사과 다섯 개, 귤 열 개

3. N이/가 A-아요/어요

p.152

연습 1

ㅏ, ㅗ	-아요	-았어요
싸다	싸요	쌌어요
비싸다*	비싸요	비쌌어요
좋다	좋아요	좋았어요
하다	해요	했어요
복잡하다	복잡해요	복잡했어요
깨끗하다*	깨끗해요	깨끗했어요

ㅓ, ㅜ, ㅣ…	-어요	-었어요
맛있다	맛있어요	맛있었어요
재미있다*	재미있어요	재미있었어요
재미없다*	재미없어요	재미없었어요

연습 2 1) 가 재미있어요
2) 이 맛있어요
3) 가 좋았어요
4) 이 복잡했어요

연습 3 1) 재미없어요 2) 맛없어요 3) 깨끗해요
4) 안 좋았어요 5) 복잡했어요

연습 4 1) 이 2) 가 3) 에, 에서 4) 에서, 를 5) 이
6) 에, 에

4. N도 p.154

연습 1 1) 민수도 회사원이에요
2) 아키라도 일본 사람이에요
3) 스티븐도 비빔밥을 먹어요
4) 줄리앙도 도서관에 가요
5) 스티븐도 숙제를 해요
6) 샤오밍도 자요

연습 2 1) 스티븐을 만났어요, 줄리앙도 만났어요
2) 수박을 샀어요, 바나나도 샀어요
3) 한국어를 배웠어요, 태권도도 배웠어요

연습 3 1) 수요일에 태권도를 배워요. 금요일에도 태권도를 배워요
2) 월요일에 병원에 가요. 목요일에도 병원에 가요
3) 토요일에 영화를 봐요. 일요일에도 영화를 봐요

문형 연습 p.156

연습 1 1. 한국 드라마를 보세요
2. 지금 전화하세요
3. 유진 씨 옆에 앉으세요
4. 한국어 책을 읽으세요

연습 2 1. 한 병에 팔백 원이에요
2. 한 잔에 이천오백 원이에요
3. 한 그릇에 만 원이에요
4. 한 개에 삼만 구천 원이에요

연습 3 1. 불고기가 맛있어요
2. 볼펜이 싸요
3. 노래가 좋아요
4. 길이 복잡해요

연습 4 1. 민수 씨도 회사에 가요
2. 냉면도 먹었어요
3. 귤도 맛있어요
4. 수요일에도 태권도를 배워요

복습 3 어휘와 문법

2. 확인하기 p.159

1. 좋아해요 2. 좋아해요 3. 좋아요 4. 좋아해요
5. 좋아요 6. 좋아해요, 좋아해요
7. 좋아해요, 좋아해요 8. 좋아요
9. 좋아해요, 좋아해요 10. 좋아요, 좋아해요

3. 평가하기 p.160

1. ③ 2. ② 3. ② 4. ④ 5. ① 6. ③ 7. ④
8. ① 9. ① 10. ④ 11. ③ 12. ④ 13. ① 14. ③
15. ② 16. ④ 17. ④ 18. ③ 19. ③ 20. ①

복습 3 발음

2. 평가하기 p.164

1. ① 2. ② 3. ① 4. ② 5. 10월 26일
6. 11월 30일 7. 12월 14일 8. 3월 11일
9. ① 10. ② 11. ② 12. ②

복습 3 듣기 p. 165

1. ② 2. ② 3. ③ 4. ③ 5. ③ 6. ③ 7. ④
8. ① 9. ② 10. ① 11. ① 12. ④ 13. ④ 14. ①
15. ③ 16. ② 17. ② 18. ① 19. ④ 20. ④

복습 3 읽기와 쓰기 p.168

1. ② 2. ① 3. ④ 4. ② 5. ④ 6. ③ 7. ② 8. ③
9. 는 한국어를 배우고 회사에 가요
10. 사과는 한 개에 얼마예요
11. 몇 병 샀어요
12. 어디에 가요
13. 무슨 요일에 태권도를 배워요
14. 비빔밥 두 그릇 주세요

15. 며칠입니까

16. 딸기를 좋아해요

17. × 18. ○ 19. × 20. ○

7과 날씨가 어떻습니까?

어휘

p.178

연습 1 1) ② 2) ③ 3) ① 4) ⑤ 5) ④

연습 2 1) 나라 2) 맵다 3) 싸다

연습 3 1) 흐려요 2) 비가 와요 3) 눈이 와요
4) 시원해요

연습 4 1) ② 2) ③ 3) ④ 4) ①

문법과 표현

1. 'ㅂ'불규칙

p.180

연습 1

	-아요/어요	-았어요/었어요
덥다	더워요	더웠어요
춥다	추워요	추웠어요
쉽다	쉬워요	쉬웠어요
어렵다	어려워요	어려웠어요
맵다	매워요	매웠어요
가볍다	가벼워요	가벼웠어요
무겁다	무거워요	무거웠어요

연습 2 1) 추워요 2) 가 매워요 3) 이 가벼워요

연습 3 1) 추웠어요 2) 어려웠어요 3) 쉬웠어요
4) 매웠어요

2. A/V-지만

p.182

연습 1

	-지만	-았지만/었지만
싸다	싸지만	쌌지만
흐리다	흐리지만	흐렸지만
복잡하다	복잡하지만	복잡했지만
좋다	좋지만	좋았지만
있다	있지만	있었지만
덥다	덥지만	더웠지만
가다	가지만	갔지만
마시다	마시지만	마셨지만
좋아하다	좋아하지만	좋아했지만
공부하다	공부하지만	공부했지만
먹다	먹지만	먹었지만
입다	입지만	입었지만

연습 2 1) 딸기가 비싸지만 맛있어요
2) 시장이 복잡하지만 재미있어요
3) 스티븐 씨는 교실에 있지만 줄리앙 씨는 교실에 없어요
4) 나는 커피를 안 마시지만 여자 친구는 커피를 마셔요
5) 어제는 빵을 먹었지만 오늘은 밥을 먹어요

연습 3 1) 아키라 씨는 고향에 가지만 샤오밍 씨는 안 가요
2) 1급은 쉽지만 2급은 어려워요
3) 지연 씨는 요리를 배우지만 마리코 씨는 안 배워요
4) 지난겨울에는 딸기가 비쌌지만 요즘은 안 비싸요
5) 지난 토요일에는 일했지만 이번 토요일에는 일 안 해요

3. A/V-습니다/ㅂ니다

p.184

연습 1

	-습니다/ㅂ니다	-았습니다/었습니다
싸다	쌉니다	쌌습니다
비싸다	비쌉니다	비쌌습니다
흐리다	흐립니다	흐렸습니다
복잡하다	복잡합니다	복잡했습니다
시원하다	시원합니다	시원했습니다
좋다	좋습니다	좋았습니다
있다	있습니다	있었습니다
없다	없습니다	없었습니다
덥다	덥습니다	더웠습니다
쉽다	쉽습니다	쉬웠습니다
가다	갑니다	갔습니다

오다	옵니다	왔습니다
보다	봅니다	봤습니다
공부하다	공부합니다	공부했습니다
전화하다	전화합니다	전화했습니다
마시다	마십니다	마셨습니다
배우다	배웁니다	배웠습니다
먹다	먹습니다	먹었습니다
입다	입습니다	입었습니다
읽다	읽습니다	읽었습니다

연습 2 저는 미국 사람입니다.
지금 서울대학교에서 한국어와 한국 역사를 배웁니다.
한국어는 재미있지만 어렵습니다.
저는 운동을 좋아합니다.
어제도 친구와 축구를 했습니다.

연습 3 1) B : 인사동에 갑니다
2) A : 읽습니까 B : 한국어 책을 읽습니다
3) A : 했습니까 B : 친구와 커피를 마셨습니다

4. A/V-고 p.186

연습 1 1) 덥고 비가 와요
2) 무겁고 비싸요
3) 가볍고 따뜻해요
4) 한국어를 배우고 영어를 가르쳐요
5) 태권도를 배우고 영어를 공부해요

연습 2 1) 학교에 가, 회사에 가요
2) 차를 마시, 커피를 마셔요
3) 사과를 사고, 바나나를 사요
4) 비빔밥을 먹고, 냉면을 먹어요

연습 3 1) 어제는 추웠지만 오늘은 안 추워요
2) 어제는 춥고 눈이 왔어요
3) 햄버거하고 콜라 주세요
4) 사과가 맛있고 싸요
5) 숙제가 어렵지만 재미있어요

문형 연습 p.188

연습 1 1. 어려워요 2. 추워요 3. 매워요 4. 쉬워요

연습 2 1. 김치가 맵지만 맛있어요
2. 일이 어렵지만 재미있어요
3. 히엔 씨는 커피를 좋아하지만 마리코 씨는 커피를 안 좋아해요
4. 어제는 비가 왔지만 오늘은 안 와요

연습 3 1. 오늘도 눈이 옵니다
2. 주말에 운동합니다
3. 한국어 책을 읽습니다
4. 어제 비빔밥을 먹었습니다

연습 4 1. 휴대폰이 싸고 좋아요
2. 사과가 싸고 맛있어요
3. 날씨가 춥고 눈이 와요
4. 나나 씨는 녹차를 마시고 히엔 씨는 커피를 마셨어요

8과 영화 볼까요?

어휘 p.192

연습 1 1) ② 2) ① 3) ⑤ 4) ③ 5) ④

연습 2 1) ② 2) ① 3) ③

연습 3 1) 게임을 했어요 2) 산책했어요 3) 테니스를 쳤어요 4) 스키를 탔어요 5) 등산을 했어요

문법과 표현

1. V-(으)ㄹ까요? p.194

연습 1

가다	갈까요	산책하다	산책할까요
마시다	마실까요	운동하다	운동할까요
만나다	만날까요	먹다	먹을까요
보다	볼까요	앉다	앉을까요
쉬다	쉴까요	읽다	읽을까요
치다	칠까요	입다	입을까요
타다	탈까요	찍다	찍을까요

연습 2 1) 차를 마실까요 2) 같이 산책할까요
3) 같이 밥을 먹을까요

연습 3 1) A : 갈까요 B : 금요일에 가요
2) A : 할까요 B : 농구를 해요
3) A : 읽을까요 B : 소설책을 읽어요
4) A : 만날까요 B : 학교 앞에서 만나요

2. 'ㄷ' 불규칙 p.196

연습 1

	걷다	듣다
-고	걷고	듣고
-지만	걷지만	듣지만
-습니다/ㅂ니다	걷습니다	듣습니다
-아요/어요	걸어요	들어요
-았어요/었어요	걸었어요	들었어요
-으세요/세요	걸으세요	들으세요
-을까요/ㄹ까요?	걸을까요	들을까요

연습 2 1) 걷 2) 걸 3) 걸 4) 걸 5) 듣 6) 들 7) 듣 8) 들

연습 3 1) A : 들었어요 B : 들었어요
2) A : 들어요 B : 들어요
3) B : 음악을 듣고
4) A ; 걸을까요 B : 걸어요
5) B : 걸어요

3. 이[그, 저] N p.198

연습 1 이, 그, 저

연습 2 1) 저 식당 2) 이 구두 3) 저 사람 4) 이 영화

4. A/V-네요 p.200

연습 1 1) (정말) 많네요 2) 코트가 (아주) 비싸네요
3) 생선이 (정말) 크네요 4) 길이 (아주) 복잡하네요
5) 김치가 (정말) 맵네요 6) 영화가 (아주) 재미있네요

연습 2 1) 개가 자전거를 타네요 2) 아기가 신문을 읽네요
3) 개가 콜라를 마시네요 4) 원숭이가 골프를 치네요

연습 3 1) 술을 많이 마셨네요 2) 많이 샀네요
3) 많이 먹었네요 4) 줄리앙 씨가 안 왔네요

문형 연습 p.202

연습 1 1. 우리 테니스 칠까요
2. 우리 영화 볼까요
3. 우리 여기 앉을까요
4. 우리 좀 걸을까요

연습 2 1. 커피 마셔요
2. 수요일에 만나요
3. 냉면 먹어요
4. 한국 노래 들어요

연습 3 1. 이 케이크를 먹어요
2. 저 공원에 가요
3. 이 CD를 들어요
4. 저 커피숍에서 마셔요

연습 4 1. 사람이 많네요
2. 방이 깨끗하네요
3. 날씨가 춥네요
4. 눈이 왔네요

복습 4 어휘와 문법

2. 확인하기 p. 205

2. 어디입니까 3. 책이 아닙니다
4. 무엇을 먹었습니까 5. 없습니다
6. 친구하고 운동합니다
7. 무겁습니다 8. 어떻습니까 9. 비가 왔습니다
10. 음악을 듣습니다 11. 영화를 봅시다
12. 김밥을 먹읍시다

3. 평가하기 p.206

1. ④ 2. ② 3. ① 4. ③ 5. ② 6. ④ 7. ①
8. ② 9. ③ 10. ① 11. ② 12. ④ 13. ② 14. ①
15. ③ 16. ① 17. ④ 18. ③ 19. ① 20. ④

복습 4 발음

2. 평가하기 p. 210

1. 마리아 씨는 의사입니다.
2. 어디에서 차를 마십니까?
3. 오늘 파리는 비가 옵니다.
4. 다시 만나서 정말 반갑네요.
5. 여기에 연습 문제 삼 번을 쓰세요.
6. 명동에 가요.(〜↘) 7. 이 영화를 봐요.(〜↘)
8. 비빔밥을 먹어요.(↘) 9. 주말에 또 만나요.(〜↘)
10. 한강에서 자전거를 타요.(↘)

복습 4 듣기 p. 211

1. ① 2. ② 3. ② 4. ② 5. ① 6. ① 7. ③ 8. ①

9. ② 10. ② 11. ③ 12. ① 13. ④ 14. ① 15. ④

16. ③ 17. ④ 18. ④ 19. ② 20. ③

복습 4 읽기와 쓰기

p. 214

1. ④ 2. ① 3. ② 4. ④ 5. ①

6. ② 7. ③ 8. ③ 9. ④

10. 미국은 요즘 비가 옵니다 / 요즘 미국은 비가 옵니다

11. 저 식당은 비싸지만 맛있어요

12. 자전거를 탈까요

13. 날씨가 어떻습니까

14. 한국어가 재미있지만 어렵습니다

15. 음악을 듣고 텔레비전을 봐요

16. 어제는 비가 왔지만 오늘은 안 와요

17. ④ 18. ② 19. ○ 20. ×

집필 Authors

최은규 Choi Eunkyu

서울대학교 국어국문학과 박사

Seoul National University, Ph.D. in Korean Language and Literature

서울대학교 언어교육원 한국어교육센터 대우부교수

Seoul National University, LEI Associate Professor

진문이 Jin Moon-e

이화여자대학교 국어국문학과 박사 과정 수료

Ewha Womans University, Ph.D. Candidate in Korean Language and Literature

서울대학교 언어교육원 한국어교육센터 대우전임강사

Seoul National University, LEI Full-time Instructor

오은영 Oh Eunyoung

서울대학교 교육학과 박사

Seoul National University, Ph.D. in Education

전 서울대학교 언어교육원 한국어교육센터 대우전임강사

Seoul National University, former LEI Full-time Instructor

송지현 Song Gihyun

이화여자대학교 한국학과(한국어 교육 전공) 석사

Ewha Womans University, M.A. in Korean Studies(Teaching Korean as a Foreign Language)

서울대학교 언어교육원 한국어교육센터 대우전임강사

Seoul National University, LEI Full-time Instructor

번역 Translator

이소영 Lee Soyoung

이화여자대학교 교육공학과 박사

Ewha Womans University, Ph.D. in the Department of Educational Technology

서울대학교 언어교육원 한국어교육센터 대우전임강사

Seoul National University, LEI Full-time Instructor

번역 감수 Translation Editor

로버트 카루바 Robert Carrubba

서강대학교 국어국문학과 석사

Sogang University, M.A. in Korean Language and Literature

한국어 교육자 및 번역가

Korean Language Educator and Translator